Bauen mit dem Bauträger

Reihe: Bau-Rat

Günther Weizenhöfer · Peter Burk

Bauen mit dem Bauträger

Was Erwerber wissen sollten

EBERHARD BLOTTNER VERLAG

Dieses Buch erscheint in der **Reihe „Bau-Rat:“**
in Zusammenarbeit mit: Deutscher Bauherren Informationsdienst®

Die Deutsche Bibliothek - CIP-Einheitsaufnahme:

Weizenhöfer, Günther:
Bauen mit dem Bauträger :
was Erwerber wissen sollten /
Günther Weizenhöfer ; Peter Burk. -

Taunusstein : Blottner, 2001
(Reihe Bau-Rat)
ISBN 3-89367-088-2

Bildrechte: Archiv Deutscher Bauherren Informationsdienst, Düsseldorf
Foto Seite 11: Münsterland Holzhaus GmbH
Foto Seite 12: Bernhard Müller
Foto auf dem Buchumschlag: Frank Kobiela
Umschlaggestaltung: Britta Blottner, Taunusstein
Herstellung: Petry & Schwamb Verlagsdienstleistungen, Emmendingen
Druck: fgb Freiburger Graphische Betriebe, Freiburg im Breisgau

ISBN 3-89367-088-2 / Printed in Germany

Sehr geehrte Leserin,
sehr geehrter Leser,

Nicht immer ist es möglich, ein freies Grundstück zu finden und individuell zu bauen. Ein schlüsselfertig erstelltes Haus zum Festpreis vom Bauträger ist oft eine Alternative für diejenigen, die kein Grundstück finden oder keine Zeit haben, sich selbst intensiv mit dem Bauablauf zu befassen. Das vorliegende Buch zeigt Ihnen auf, was Sie vom Bauträger erwarten können, was unbedingt im Vertrag berücksichtigt werden sollte und was während des Bauablaufs zu beachten ist.

Das Buch konzentriert sich hierbei auf den Einfamilien-Hausbau mit dem Bauträger. Hierunter fallen auch Reihenhäuser.

Das Buch wird in Zusammenarbeit des Deutschen Bauherren Informationsdienstes mit der Buchreihe „Bau-Rat:" herausgegeben und versteht sich im Sinne des Verbraucherschutzes als unabhängige Informationsgrundlage für Bauherren.

Neben den Informationen in diesem Buch können Sie über die Internetseite des Deutschen Bauherren Informationsdienstes, www.bauherrendienst.de, zahlreiche weitere Informationen kostenfrei abrufen.

Wir wünschen Ihnen für Ihre Überlegungen zum Hausbau viel Nutzen und Freude mit dem Buch.

Deutscher Bauherren Informationsdienst®

1.0 Grundlegendes

Gerade in Stadtnähe ist es heutzutage nicht mehr leicht, ein freies Grundstück aus privater Hand zu kaufen, um dann mit einem selbst gewählten Baupartner den Traum vom eigenen Haus zu verwirklichen. Bei der Grundstückssuche werden Sie häufig feststellen, dass nur wenige Grundstücke aus privater Hand auf dem Markt sind. Dafür gibt es neben Gebrauchtimmobilien viele bereits fertig geplante Objekte, die zusammen mit dem Grundstück zum Festpreis angeboten werden. Firmen, die gewerbsmäßig Grundstücke kaufen, bebauen und als Gesamtobjekt verkaufen, nennt man Bauträger.

1.1 Was versteht man unter Bauen mit dem Bauträger?

Statt „Bauen mit dem Bauträger" könnte man auch „gebaut vom Bauträger" sagen, denn Sie sind nur der Erwerber, der das Objekt nach Fertigstellung übernimmt. Als Käufer haben Sie keine Weisungsbefugnis auf der Baustelle und sind nicht der Vertragspartner der Handwerker. Grundstück und Haus werden Ihnen erst nach Fertigstellung übereignet. Eigentlicher Bauherr gegenüber den Behörden und Handwerkern ist der Bauträger.

Zur Ausübung seiner Tätigkeit benötigt er eine Zulassung vom Ordnungsamt nach §34 der Gewerbeordnung. Voraussetzung hierfür ist nur, dass keine Vorstrafen vorliegen und er in geordneten Vermögensverhältnissen lebt. Eine fachliche Qualifikation wird weder gefordert noch geprüft. Deshalb ist es für Sie wichtig, festzustellen, wie lange Ihr Vertragspartner schon in der Branche tätig ist, welche Objekte er bisher gebaut hat und wie gut die Ausführung dieser Objekte ist.

Wenn Sie sich dafür entscheiden, mit einem Bauträger zu bauen, schließen Sie einen so genannten Bauträgervertrag ab. Dieser wird durch die Makler- und Bauträgerverordnung geregelt, die im nächsten Kapitel genauer erläutert wird. Der Bauträgervertrag beinhaltet im Grunde zwei Verträge: den Kaufvertrag für das Grundstück und den Werkvertrag über die Errichtung des Hauses anhand einer Leistungsbeschreibung. Da Sie das Grundstück miterwerben, wird ein notarieller Kaufvertrag geschlossen. Nachteil bei gleichzeitigem Erwerb von Grundstück und Haus: Durch die Koppelung von Grundstückskauf und Hauserstellung muss die Grunderwerbsteuer von zurzeit 3,5 % für den gesamten Kaufpreis gezahlt werden. Bei einem Gebäudeanteil von ca. DM 500.000 / € 250.000 sind das immerhin ca. DM 17.500 / € 8.750! Wichtige Punkte zum Kaufvertrag finden Sie in Kapitel 5.0 des vorliegenden Buches.

Da der Bauträger in der Regel einen Festpreis vereinbart, ist sein Gewinn umso größer, je billiger er das Haus erstellen kann. Dies ist ein Grund, warum beispielsweise viele Baubeschreibungen schwammig und ungenau formuliert sind, denn dadurch legt der Bauträger sich nicht fest und kann nach der jeweils billigsten Ausführungsart suchen. Wie Sie eine Baubeschreibung richtig lesen und welche wichtigen Punkte ein Baubeschreibung enthalten muss, erfahren Sie in Kapitel 4.0 des vorliegenden Buches.

Eigenleistungen sind in geringem Umfang möglich, aber während der Erstellung schwierig zu koordinieren. In der Regel beschränken sich die Eigenleistungen daher auf Malerarbeiten und das Verlegen der Teppichböden oder Arbeiten an den Außenanlagen, also vor allem Arbeiten, die nach dem Ende der vertraglichen Leistung des Bauträgers und deren Abnahme erfolgen können.

1.2 Was bedeutet „Schlüsselfertig" und „Bezugsfertig"?

„Schlüsselfertig“ klingt danach, dass Ihnen der Bauträger den Schlüssel zum fertigen Haus überreicht und Sie einziehen können. Das könnte es bedeuten, muss es aber nicht, denn für den Begriff „schlüsselfertig“ gibt es keine verbindliche Definition. Es bedeutet lediglich, dass der Unternehmer ein Haus erstellt und der Käufer den Schlüssel zum Betreten des Hauses bekommt. Welche Leistungen der Unternehmer genau zu erbringen hat, bleibt offen. Die Formulierung „Schlüsselfertig zum Festpreis“ ist viel zu ungenau. Hier muss die Leistungsbeschreibung sorgfältig studiert werden, damit Sie später keine Überraschungen erleben.

Ähnliches gilt für den Begriff „Bezugsfertig“. Bezugsfertig heißt nicht, dass alles fertig ist. Es bedeutet, dass dem Erwerber zugemutet werden kann, das Gebäude zu beziehen. Ein Haus kann beispielsweise im Januar bezugsfertig sein, obwohl der Außenputz noch nicht aufgebracht wurde. Diese Leistungen erfolgen dann bei wärmeren Temperaturen. Um von vornherein Diskussionen darüber auszuschließen, was unter „Bezugsfertig" zu verstehen ist, sollten Sie bereits bei Vertragsabschluss die darin beinhalteten Leistungen gemeinsam festlegen.

Die letzte Rate ist in der Regel fällig, wenn das Objekt „vollständig fertig gestellt" ist. Das bedeutet, dass sämtliche vertraglich vereinbarten Leistungen vom Bauträger erbracht wurden. Dies betrifft auch eventuelle Außenanlagen oder Restarbeiten, die bei der Schlussabnahme festgestellt wurden.

1.3 Welche Hauptalternativen zum Bauträger gibt es?

Bauen mit dem Architekten:
Bauen mit dem Architekten ist die klassische Alternative, wenn Sie über ein eigenes Grundstück verfügen. Als Bauherr sind Sie der Vertragspartner der Unternehmer. Sie sind während des gesamten Bauablaufes gefordert, aktiv mitzuarbeiten und Entscheidungen zu treffen. Der Zeitaufwand ist zwar höher als beim Bauen mit dem Bauträger, dafür sind der Gestaltungsspielraum, die Entscheidungsfreiheit und die Mitsprachemöglichkeiten ungleich größer. Sie haben keinen vereinbarten Festpreis, können aber während der gesamten Planungs- und Bauzeit die Kosten und Ausstattung Ihres Hauses steuern. Konnten Sie beispielsweise durch günstige Angebote beim Rohbau sparen, steht Ihnen dieses Geld im Ausbau für hochwertigere Ausstattung zur Verfügung oder Sie gönnen sich zum Einzug das eine oder andere Möbelstück. Weitere Informationen zum Bauen mit dem Architekten finden Sie auch in dem Buch „Bauen mit dem Architekten" des Deutschen Bauherren Informationsdienstes, das ebenfalls im Blottner-Verlag erschienen ist.

Bauen mit dem Fertighausanbieter:
Der Fertighausanbieter verkauft in der Regel keine Grundstücke, sondern nur das reine Gebäude, oft nur ab Oberkante Kellerdecke. Fast nie sind daher im Preis auch Positionen wie Erdaushub oder Außenanlagen enthalten. Der Keller gehört oft zur Sonderausstattung. Der Fertighausanbieter garantiert für seine Gebäude einen Fest-

Das Architektenhaus erlaubt einen hohen Individualitätsgrad

preis und hält meistens eine gewisse Palette von Ausstattungsmöglichkeiten offen (mit Balkon, ohne Balkon, mit Dachausbau, ohne Dachausbau etc.). Einige der Gebäude sind auf Fertighausausstellungen für Interessenten zugänglich. Auch zum Thema „Bauen mit dem Fertighausanbieter" ist in der vorliegenden Reihe ein Buch erschienen, das alles Wissenswerte zu diesem Thema erläutert. Außerdem finden Sie auf den Internetseiten des Deutschen Bauherren Informationsdienstes unter www.bauherrendienst.de eine Liste aller Fertighaus-Ausstellungen in Deutschland.

Das Fertighaus hat eine kurze Bauzeit durch einen hohen Vorfertigungsgrad

Bauen mit dem Baubetreuer:
Der Baubetreuer übernimmt die Aufgaben, die dem Bauherren normalerweise zufallen und wird im Außenverhältnis zu Dritten nur im Namen des Bauherren tätig. Er ist weder mit der Planung noch mit der Überwachung der Ausführung beauftragt. In der Praxis vereinbart ein Baubetreuer oft einen Festpreis mit dem Bauherren, zu dem er das Gebäude schlüsselfertig erstellen lässt. Mit dem Bauherren werden ähnlich dem Bauträgervertrag Abschlagszahlungen je nach Baufortschritt vereinbart. Da er nur im Namen des Bauherren tätig wird, bleiben Sie Vertragspartner der Handwerker.

Kauf einer Gebrauchtimmobilie:
Der Kauf einer gebrauchten Immobilie kann eine interessante Alternative zum Neubau sein. Sie können die angebotenen Objekte in fertigem Zustand in Augenschein nehmen, Vergleiche ziehen und unter Umständen auch relativ rasch das Gebäude beziehen. Das Kaufen einer Immobilie mag bequemer sein als neu zu bauen, einfacher hingegen muss es nicht sein. Immobilien richtig zu besichtigen, den Ausführungen des Verkäufers oder Immobilienmaklers mit kritischer Distanz zu begegnen, eigene Überprüfungen vorzunehmen und entscheidende Punkte im Kaufvertrag nicht zu vergessen, sind wichtige Voraussetzungen, um den in die Immobilie investierten Wert auch langfristig sichern zu können. Weitere Informationen

Alte Häuser haben oft eine Liebe zu Details, die heute nicht mehr zu bezahlen ist

zum Immobilienkauf erfahren Sie auch in dem Buch „Das Gebrauchthaus“ des Deutschen Bauherren Informationsdienstes, das ebenfalls im Blottner-Verlag erschienen ist.

2.0 Die Makler- und Bauträgerverordnung (MaBV)

Die Makler- und Bauträgerverordnung (MaBV) wurde 1975 bekannt gemacht. Sie regelt die Pflichten von Gewerbetreibenden, die nach § 34c GewO der behördlichen Genehmigung bedürfen. Die heute gültige Fassung von 1997 hat wesentlich zu einer positiven Entwicklung in der Vertragsgestaltung zwischen Bauträger und Erwerber beigetragen. Sie gilt jedoch nicht für Sparkassen sowie auch nicht für Bausparkassen- und Versicherungsvertreter im Rahmen ihrer Tätigkeit.

Das vorliegende Kapitel verschafft Ihnen nur einen kleinen Einblick. Es lohnt sich auf jeden Fall, einen Kommentar der MaBV einzusehen und einen Fachmann für die Vertragsverhandlungen hinzuzuziehen, wenn Sie mit einem Bauträger bauen möchten.

2.1 Wie ist die MaBV aufgebaut?

Die MaBV gliedert sich in 22 Paragraphen. Da es sehr wichtig ist, sich mit diesen vertraut zu machen, finden Sie nachfolgend jeweils kurze Erläuterungen hierzu.

§ 1 Anwendungsbereich:
Hier wird festgelegt, für wen die Verordnung gilt und wer davon ausgenommen ist. Nach Satz 1 gilt die Verordnung für Gewerbetreibende, die nach § 34c Abs.1 eine Erlaubnis bedürfen. Dazu gehören Bauträger und Baubetreuer.

§ 2 Sicherheitsleistung, Versicherung:
Die §§ 2 bis 8 sollen die Auftraggeber vor Vermögensschäden durch den Gewerbetreibenden schützen. § 2 ist hier die Grundvorschrift für die folgenden Bestimmungen. Der Gewerbetreibende muss die ihm zur Verfügung gestellten Gelder vor Erhalt absichern. Er muss dem Auftraggeber vor Erhalt der Gelder die Bürgschafts- oder Versicherungsurkunde aushändigen.

§ 3 Besondere Sicherungspflichten für Bauträger:
Hier wird eine Sonderregelung für Bauträger getroffen. Diese sind von der Verpflichtung nach § 2 befreit, die Vermögenswerte durch Bürgschaft oder Versicherung abzusichern. Dafür müssen Sie Sicherungsmaßnahmen treffen, die im Grundstücksverkehr entwickelt wurden. Vermögenswerte dürfen nur bauabschnittsweise in Raten abgerufen werden. Die Höhe der Raten wird ebenfalls festgelegt. Dadurch wird der Gewerbetreibende zur Vorleistung verpflichtet, was für den Auftraggeber einen erhöhten Schutz bedeutet. Auf § 3 wird im nächsten Kapitel noch detaillierter eingegangen.

§ 4 Verwendung von Vermögenswerten des Auftraggebers:
Hier wird der Schutz der Vermögenswerte des Auftraggebers dadurch vergrößert, dass diese vom Gewerbetreibenden nur zur Vorbereitung und Durchführung des Objektes verwendet werden dürfen, auf das sich der Auftrag bezieht. Daraus ergibt sich, dass der Bauträger den Gewinn auch erst nach vollständiger Fertigstellung und Begleichung sämtlicher Handwerkerrechnungen entnehmen darf.

§ 5 Hilfspersonal:
§ 5 soll eine Gefährdung der Vermögenswerte des Auftraggebers verhindern, wenn der Gewerbetreibende zur Ausführung seines Auftrags Hilfspersonal beschäftigt.

§ 6 Getrennte Vermögensverwaltung:
Durch § 6 wird der Gewerbetreibende verpflichtet, Gelder einzelner Auftraggeber getrennt voneinander und getrennt vom eigenen Vermögen zu verwalten. Hierzu ist ein Sonderkonto einzurichten und dem Kreditinstitut offen zu legen, dass die Gelder für fremde Rechnung eingesetzt werden. Bauträger sind hiervon freigestellt, wenn Sie die Vorschriften aus § 3 erfüllen.

§ 7 Ausnahmevorschrift:
Wenn der Gewerbetreibende die Vermögenswerte des Auftraggebers durch eine umfassende Bürgschaft absichert, kann er von den vermögensbezogenen Vorschriften der §§ 2 bis 6 absehen. Das gilt auch dann, wenn es sich beim Auftraggeber um einen im Handelsregister eingetragenen Kaufmann handelt.

§ 8 Rechnungslegung:
Dieser Paragraph besagt, dass der Gewerbetreibende nach Beendigung seiner Arbeiten dem Auftraggeber die Verwendung der Gelder

nachweisen muss. Dies gilt nicht, wenn ein Festpreis vereinbart wurde, oder der Auftraggeber darauf verzichtet.

§ 9 Anzeigepflicht:
Der Gewerbetreibende muss der zuständigen Behörde die mit der Leitung des Betriebes beauftragten Personen mitteilen.

§ 10 Buchführungspflicht:
Diese Vorschrift verpflichtet den Gewerbetreibenden zur Buchführung im gewerblichen Sinne.

§ 11 Informationspflicht:
Der Gewerbetreibende wird hier verpflichtet, dem Auftraggeber die zur Beurteilung des Auftrags jeweils notwendigen Informationen mitzuteilen.

§ 12 Unzulässigkeit abweichender Vereinbarungen:
Nach dieser Vorschrift ist es für den Gewerbetreibenden nicht zulässig, seine Verpflichtungen nach den §§ 2 bis 8 auszuschließen oder einzuschränken.

§ 13 Inseratensammlung:
Mit § 13 wird der Gewerbetreibende verpflichtet, eigene Werbeschriften, Inserate oder Anzeigen zu sammeln. Damit soll den Behörden die Möglichkeit gegeben werden, Rückschlüsse auf das Geschäftsgebaren ziehen zu können.

§ 14 Aufbewahrung:
Durch § 14 wird die Aufbewahrungsfrist von Geschäftsunterlagen geregelt.

§ 15 Auskunft und Nachschau:
In diesem Paragraphen wird das Auskunftsrecht sowie das Recht zum Betreten der Geschäftsräume durch die Behörde geregelt.

§ 16 Prüfungen:
Diese Vorschrift verpflichtet den Gewerbetreibenden, auf seine Kosten die Einhaltung der Verpflichtungen aus den §§ 2 bis 14 prüfen zu lassen und der Behörde vorzulegen.

§ 17 Rechte und Pflichten der an der Prüfung Beteiligten:
Es werden hier die Rechte und Pflichten der an der Prüfung Beteiligten festgelegt.
§ 18 Ordnungswidrigkeiten:
§ 18 beschreibt die Bußgeldtatbestände.

§ 19 Aufhebung von Vorschriften:
Durch § 19 wurden Maklervorschriften der Länder aufgehoben.

§ 20 Übergangsvorschriften:
Diese Vorschrift entfällt für neue Verträge.

§ 21 Berlin-Klausel:
Diese Klausel ist seit der Wiedervereinigung gegenstandslos.

§ 22 In-Kraft-Treten:
In § 22 wird der Zeitpunkt des In-Kraft-Tretens der aktuellen und früheren Änderungen festgelegt.

2.2 § 3: Besondere Sicherungspflichten für Bauträger

Die wichtigste Bestimmung im Sinne des Verbraucherschutzes ist sicherlich der § 3 Abs. 1 und 2. Deshalb wird an dieser Stelle näher darauf eingegangen.

Folgende Punkte werden im § 3 festgelegt:

Abs. 1 sagt aus, dass der Gewerbetreibende nur unter bestimmten Voraussetzungen Vermögenswerte entgegennehmen oder sich zu deren Verwendung ermächtigen lassen kann.

1. Es muss ein rechtswirksamer Vertrag zwischen Gewerbetreibenden und Auftraggeber bestehen (der endgültige Kaufvertrag) und es müssen alle erforderlichen Genehmigungen vorliegen. Dies muss durch eine schriftliche Mitteilung des Notars bestätigt sein. Der Gewerbetreibende darf keine vertraglichen Rücktrittsrechte mehr haben, abgesehen von den gesetzlichen Rücktrittsrechten.
2. Durch eine Auflassungsvormerkung im Grundbuch zugunsten des Auftraggebers muss ein Schutz von Grundstück und Gebäude vor dem Zugriff Dritter bestehen.

3. Das Vertragsobjekt muss von vorrangigen Grundpfandrechten freigestellt sein.
4. Die Baugenehmigung muss erteilt sein oder eine Bestätigung der Behörden, dass mit dem Bau begonnen werden kann.

Abs. 2 regelt die Ratenzahlungen gemäß Baufortschritt vom Auftraggeber an den Bauträger, wenn die Voraussetzungen nach Abs. 1 erfüllt sind.
Basis für die Berechnung der Raten ist der im Notarvertrag ausgewiesene Kaufpreis. Zum Schutz des Käufers sollte es sich unbedingt um einen Festpreis handeln, der sämtliche Leistungen des Bauträgers umfasst und Nachforderungen ausschließt.

Der Gesamtbetrag darf hierzu gemäß MaBV in bis zu sieben Teilbeträge aufgeteilt werden. Die sieben Teilbeträge können aus den nachfolgenden Anteilen frei zusammengesetzt werden:

- nach Beginn der Erdarbeiten, wenn ein Grundstück mit übertragen werden soll 30 %

oder

- nach Beginn der Erdarbeiten, wenn ein Erbbaurecht bestellt oder mit übertragen werden soll 20 %

Die restliche Summe wird dann als 100% angesetzt und teilt sich in folgende Anteile auf:

- nach Rohbaufertigstellung einschl. Zimmererarbeiten 40 %
- nach Herstellung der Dachflächen und Dachrinnen 8 %
- nach Rohinstallation der Heizungsanlage 3 %
- nach Rohinstallation der Sanitäranlage 3 %
- nach Rohinstallation der Elektroanlage 3 %
- nach Fenstereinbau einschl. Verglasung 10 %
- nach Innenputz außer Beiputzarbeiten 6 %
- nach Estrichverlegung 3 %
- nach Fliesenarbeiten im Sanitärbereich 4 %
- nach Bezugsfertigkeit gegen Besitzübergabe 12 %
- nach Fertigstellung der Fassadenarbeiten 3 %
- nach vollständiger Fertigstellung 5 %

Fallen einzelne Leistungen nicht an, wird der jeweilige Anteil auf die übrigen Raten verteilt. Die genannten Anteile dürfen auch nicht weiter aufgeteilt werden.

Tipp
Die MaBV wird durch die laufende Rechtssprechung und den Gesetzgeber von Zeit zu Zeit korrigiert. Ein auf Makler- und Baurecht spezialisierter Anwalt kann Sie hinsichtlich des aktuellen Rechtsstandes beraten. Die gemäß MaBV nur zugelassenen sieben Zahlungsraten sind von der Rechtssprechung neu bewertet worden. In die Diskussion geraten ist das Ratenzahlungssystem der MaBV auch durch den neu eingefügten § 632 a) des BGB. Er regelt das Recht der Abschlagszahlungen. Hiernach darf der Bauträger zwar Abschlagszahlungen verlangen, aber nur für in sich abgeschlossene Teile eines Werkes mit Eigentumsübergang. Das ist bei einem Hausbau kaum gegeben und auch nach dem gegenwärtigen MaBV-Modell nicht. Die MaBV befin det sich hier zurzeit in einem gewissen Widerspruch zum BGB. Sie muss diesbezüglich möglicherweise überarbeitet werden.

Während die erste Rate nach Beginn der Erdarbeiten fällig wird, gilt für die restlichen Bauraten die Fälligkeit erst nach vollständigem Abschluss des jeweiligen Abschnitts.

Beispiel für die Aufteilung der Raten:

1. Rate:	nach Beginn der Erdarbeiten
2. Rate:	nach Rohbaufertigstellung einschl. Zimmererarbeiten
3. Rate:	nach Rohinstallation der Elektroanlage
4. Rate:	nach Innenputz außer Beiputzarbeiten
5. Rate:	nach Fliesenarbeiten im Sanitärbereich
6. Rate:	nach Bezugsfertigkeit gegen Besitzübergabe
7. Rate:	nach vollständiger Fertigstellung

Es ist sinnvoll, zusätzlich in den Vertrag aufzunehmen, welche Leistungen die jeweiligen Raten im Einzelnen beinhalten, das heißt, welche Gewerke genau bei jeder Rate fertig gestellt sein müssen, denn in der oben aufgeführten Gliederung sind nicht alle Gewerke am Bau genannt. Nicht gesondert erwähnt sind beispielsweise die Innentüren, die Rollladenarbeiten oder die Schlosserarbeiten. Durch eine genaue Beschreibung, welche Gewerke zu welcher Rate gehören, vermeiden Sie unnötige Diskussionen.

Beschreibung der in den Raten festgelegten Leistungen nach oben genanntem Beispiel:

1. Rate: Nach Beginn der Erdarbeiten:
Die erste Raten müssen Sie nicht schon zahlen, nachdem ein Bagger auf das Grundstück gestellt wurde. Die Mindestvoraussetzung ist das Abtragen des Mutterbodens. Da der Aushub in der Regel ohnehin nur ca. 2 bis 3 Tage dauert, sollten Sie als Fälligkeitsvoraussetzung den kompletten Aushub der Baugrube vereinbaren. Damit verhindern Sie, dass der Mutterboden nur abgeschoben wird, um die erste Rate in Rechnung stellen zu können, und danach die Arbeiten erst einmal stillstehen.

2. Rate: Nach Rohbaufertigstellung einschl. Zimmererarbeiten:
Vereinbaren Sie hier als Fälligkeitsvoraussetzung die behördliche Rohbauabnahme inkl. der Umsetzung eventueller Auflagen der Behörden. Damit müssen alle tragenden Wände, der Kamin, Brandwände, Betontreppen und die Dachkonstruktion errichtet worden sein.

3. Rate: Nach Rohinstallation der Elektroanlage:
Die Fälligkeitsvoraussetzung dieser Rate sollte die Dacheindeckung beinhalten, sowie die Klempnerarbeiten (Dachrinnen, Regenfallrohre, Blecharbeiten an der Dachfläche und den Ortgängen usw.) sowie die Rohinstallation von Heizung, Sanitär und Elektro. Unter Rohinstallation ist zu verstehen, dass alle Leitungen, die unter Putz verlegt werden, fertig installiert wurden. Die Verlegung einer Fußbodenheizung sollte nach den Putzarbeiten kurz vor der Estrichverlegung erfolgen, um die Rohre zu schützen, obwohl diese Leistung eigentlich zur Rohinstallation gehört.

4. Rate: Nach Innenputz außer Beiputzarbeiten:
Die Fälligkeitsvoraussetzung dieser Rate sollte den Fenstereinbau einschließlich der Verglasung beinhalten, sowie sämtliche Innenputzarbeiten außer Beiputzarbeiten.

5. Rate: Nach Fliesenarbeiten im Sanitärbereich:
Die Fälligkeitsvoraussetzung dieser Rate sollte den Estricheinbau und sämtliche Fliesenarbeiten beinhalten.

6. Rate: Nach Bezugsfertigkeit gegen Besitzübergabe:
Die Fälligkeitsvoraussetzung dieser Rate sollte die Fertigstellung der Elektroarbeiten einschließlich der Inbetriebnahme, die Fertigstellung der Heizungs- und Sanitärarbeiten einschließlich Inbetriebnahme, den Einbau der Türen, sämtliche Bodenbeläge, die Haustüre, die Montage der Fensterbänke, Schlosserarbeiten für Geländer, Brüstungen, sowie alle Maler- und Tapezierarbeiten bis auf kleinere Nachbesserungen beinhalten. Es ist sinnvoll, hier auch die Herstellung des Zugangs mit zu vereinbaren, damit Sie beim Einzug nicht unnötig Schmutz ins Haus bringen.

Tipp
In Kommentaren zur MaBV werden die Fälligkeitsvoraussetzungen der einzelnen Leistungen genau beschrieben. Vereinbaren Sie im Kaufvertrag z.B. eine solche Beschreibung als Grundlage für die Zahlung der einzelnen Raten.

7. Rate: Nach vollständiger Fertigstellung:
Die Fälligkeitsvoraussetzung dieser Rate sollte den Abschluss aller vereinbarten Leistungen inkl. der eventuell vereinbarten Außenanlage, Garage, sowie der Beseitigung aller bei der Schlussabnahme festgestellten Mängel beinhalten. Solange noch Restarbeiten ausgeführt werden müssen, kann diese Rate vollständig einbehalten werden.

Mängel in der Ausführung berechtigen nach der Verordnung nicht zur Einbehaltung der kompletten jeweiligen Rate, dennoch steht dem Käufer die Ausübung eines Zurückbehaltungsrechts nach § 320 BGB zu. Im Klartext heißt das, der Käufer kann bei Mängeln das zwei- bis dreifache der Mängelbeseitigungskosten zurückbehalten, bis die Mängel beseitigt sind.

2.3 Überprüfung der Anbieter

Zwar schützt Sie die MaBV in einigen Bereichen vor unliebsamen Überraschungen, trotz dessen sollten Sie vor Vertragsabschluss mit einem Bauträger unbedingt auch unabhängige Informationen über ihn einholen. Wichtig sind u.a. folgende Dinge:

- Wie lange ist der Bauträger schon auf dem Markt?
- Wie laufen seine aktuellen Baustellen im Umfeld?
- Welche Rechtsform hat er?
- Wer leitet das Unternehmen? (Geschäftsführung, Aufsichtsrat etc.)
- Welchen Ruf hat das Unternehmen?
- Gibt es beispielsweise bei der regionalen IHK anhängige Beschwerden über das Unternehmen?

Um diese Dinge zu überprüfen, können Sie u.a. folgendermaßen vorgehen:
Lassen Sie sich regionale Referenzobjekte des Bauträgers aus den letzten 2-3 Jahren vorlegen. Fahren Sie auf die aktuellen Baustellen, sprechen Sie mit den Erwerbern, die gegenwärtig mit Ihrem zukünftigen Vertragspartner bauen. Hier können Sie sozusagen „live“ miterleben, in welcher Weise Ihr zukünftiger Vertragspartner eine Baustelle abwickelt und wie die Zusammenarbeit mit seinen Kunden klappt.

Ferner können Sie Auskünfte beim zuständigen Amtsgericht einholen, indem Sie sich eine Kopie der Handelsregistereintragung zukommen lassen. Aus diesen Eintragungen erfahren Sie verschiedene Basisdaten über das Unternehmen, so z.B. das Gründungsjahr (wie viel Erfahrung hat das Unternehmen?), die Namen der Gesellschafter (wer leitet das Unternehmen? Fachleute?), den Hauptsitz und die Rechtsform des Unternehmens (z.B. AG, GmbH oder OHG?). Beim Amtsgericht können Sie auch die Protokolle der Gesellschafterversammlungen einsehen und sich damit z.B. über den laufenden Geschäftsbetrieb informieren etc.

Kaum eine Branche, wo es solche Extreme gibt wie im Bauträgergeschäft. Auf der einen Seite seriöse Gesellschaften, die eine langfristig ausgerichtete, Geschäftspolitik betreiben, oft mit einer starken Verwurzelung in der Region, nicht selten sogar mit sozialem Anspruch (z.B. Reihenhausprogramme für kinderreiche Familien). Hier wären z.B. Landesentwicklungsgesellschaften oder kommunale Wohnbauunternehmen zu nennen. Auf der anderen Seite unzählige Bauträgergesellschaften, die nicht selten aus Bauunternehmen oder Maklerbüros hervorgingen und nunmehr in die gesamte Wertschöpfungskette beim Hausbau einsteigen wollen.
Kaum eine andere Branche aber hat höhere Unternehmensinsolvenzen aufzuweisen als die Bauträgerbranche.

Und hier liegen die beiden Hauptrisiken für den Verbraucher: Zum einen das extreme Sparen am „Produkt Haus" durch den Bauträger ohne dass er diese Kostenersparnisse an den Kunden weitergibt. Der Kunde erhält hierdurch bei unseriösen Anbietern u.U. ein absolutes Billig- und Pfuschprodukt zu einem vollkommen überhöhten Preis.
Zum anderen kann es passieren, dass sich der Bauträger finanziell übernommen hat und inmitten laufender und nur halb fertig gestellter Bauvorhaben in die Insolvenz gerät.

Insbesondere auf diese beiden Punkte müssen Sie bei der Suche nach dem für Sie geeigneten Partner auf dem Bauträgermarkt unbedingt achten.

3.0 Kosten und Termine

Viele Bauträger werben mit Festpreisen und festen Fertigstellungsterminen. Für den Käufer hilft ein Festpreis bei der Planung der Finanzierung, denn nichts ist unangenehmer als eine Nachfinanzierung aufgrund von Mehrkosten. Ein verbindlicher Fertigstellungstermin ist zudem für die Planung und Organisation des Umzugs nützlich. In der Praxis sind jedoch Mehrkosten und Terminüberschreitungen an der Tagesordnung.

3.1 Wie fest ist der Festpreis und was beinhaltet er?

Es gibt keine Regelung darüber, welche Leistungen der Festpreis beinhaltet bzw. was Festpreis eigentlich heißt. Selbstverständlich müssen die in der Baubeschreibung aufgeführten Leistungen zum vereinbarten Preis erbracht werden. Der Käufer steht jedoch vor dem Problem, zu erkennen, welche Leistungen nicht aufgeführt sind und demzufolge auch nicht unbedingt im Festpreis inbegriffen sind.
Zu beachten ist weiterhin, dass manche Bauträger den Festpreis an einen bestimmten Zeitraum koppeln und eine Preisanpassung bei Überschreitung dieser Frist vorbehalten.

Mehrkosten können beim Bauen mit dem Bauträger hauptsächlich aus folgenden Gründen entstehen:

1. Der Festpreis beinhaltet nicht alle Kosten für den Erwerber, weil Leistungen in der Baubeschreibung fehlen oder ausgeklammert wurden.
2. Der Erwerber beauftragt während der Bauphase zusätzliche Leistungen.
3. Der Erwerber wählt beim Ausbau eine höherwertigere oder umfangreichere Ausstattung als in der Baubeschreibung vorgesehen.
4. Die Bauzeit dauert länger als die vertraglich vereinbarte Preisbindungsfrist.

1. Der Festpreis beinhaltet nicht alle Kosten für der Erwerber.
Um von vorne herein auszuschließen, dass es mit dem Bauträger deshalb zu Streitigkeiten kommt, weil über den Kaufpreis hinaus weitere Kosten entstehen, über die Sie nicht vorher informiert wurden, ist eine Klärung hierüber vor Vertragsabschluss unbedingt notwendig.

Beim Hausbau fallen neben den Kosten für die Erstellung des Hauses auch Kosten an für das Herrichten des Grundstücks, Voruntersuchungen, Aushub, Erschließung, Planungskosten, Genehmigungsgebühren, Außenanlagen usw.

Sind all diese Kosten im Festpreis enthalten? Und sind wirklich alle Kosten enthalten, die das Gebäude betreffen? Verlassen Sie sich niemals auf mündliche Aussagen wie: „Das machen wir schon..." oder „Das brauchen wir nicht aufzuschreiben, das machen wir nebenbei gleich mit...“. Die Erfahrung zeigt, dass Sie nichts bekommen, was nicht schwarz auf weiß mit Unterschrift des Bauträgers festgehalten wurde. Gibt es Ärger, ist es schon schwer genug, die vereinbarten Leistungen vertragsgemäß zu erhalten. Letztlich zählt das, was schriftlich vereinbart wurde. Ein seriöser Geschäftsmann wird Ihnen gerne alles schriftlich geben, was er Ihnen vorher mündlich zugesichert hat. Aber aufgepasst: prüfen Sie genau, ob das, was Ihnen schriftlich vorgelegt wird, mit dem übereinstimmt, was Sie zuvor mündlich vereinbart haben.

Schnellübersicht: Was ist im Festpreis enthalten?

Anhand der nachfolgenden Checkliste können Sie stichpunktweise klären, was der Festpreis des Bauträgers beinhaltet. Die Liste beinhaltet mögliche Zusatzkosten für den Erwerber über den Festpreis hinaus, und wird Ihnen helfen, die Seriosität eines Festpreisangebotes zu beurteilen.

1.0 Grundstück:	enthalten
Sämtliche anfallenden Vermessungskosten	☐
Baugrunduntersuchung	☐
Altlastenbeseitigung, wenn nötig	☐
Erschließung des Grundstücks mit Strom	☐
Erschließung des Grundstücks mit Gas	☐
Erschließung des Grundstücks mit Wasser	☐
Erschließung des Grundstücks mit Kabel	☐
Erschließung des Grundstücks mit Telefon	☐
Anschluss des Grundstücks an die Straßenentwässerung	☐
Erschließung des Grundstücks mit Straßen und Wegen	☐
Erschließungsbeiträge der Stadt für den Grundstücks-eigentümer	☐
Erschließung des Gebäudes mit Strom	☐
Erschließung des Gebäudes mit Gas	☐
Erschließung des Gebäudes mit Wasser	☐
Erschließung des Gebäudes mit Kabelanschluss	☐
Erschließung des Gebäudes mit Telefonanschluss	☐
Anschluss des Gebäudes an das Kanalnetz	☐

2.0 Erdarbeiten:	enthalten
Aushub der Baugrube	☐
Abfuhr von überschüssigem Material	☐
eventuelle Deponiegebühren	☐
Wiederverfüllen der Baugrube	☐
Andecken von Mutterboden	☐
Geländemodellierung an das Gebäude	☐
Füllmaterial, wenn der Aushub zum Verfüllen nicht geeignet ist	☐
Eventueller Bodenaustausch zur Baugrundverbesserung	☐
Eventuelle Grundwasserabsenkung bei hohem Grundwasserstand während der Rohbauarbeiten	☐
3.0 Gebäude:	
Kosten für Baustrom und Bauwasser während der Bauzeit	☐
Putzarbeiten im Keller	☐
Heizkörper im Keller	☐
Wasseranschlüsse im Keller (z.B. Waschmaschine, WC etc.)	☐
Ausreichend viele Elektroanschlüsse im Keller	☐
Schwimmender Estrich im Hobbyraum im Keller	☐
Bodenbeläge im Keller	☐
Gedämmte Kellerdecke bei unbeheizten Kellerräumen	☐
Ausreichend dimensionierte (große) Kellerfenster	☐
Gitter vor Kellerfenstern	☐
Verputzen aller Deckenuntersichten im Haus	☐
Maler- und Tapezierarbeiten im gesamten Haus	☐
Fliesenarbeiten mit ausreichend hohen Wandverfliesungen	☐
Treppenbelag	☐
Bodenbeläge in den Wohnbereichen und im übrigen Haus	☐
Rollläden an allen Fenstern	☐
Außen liegender Sonnenschutz für Dachflächenfenster	☐
Be- und Entlüftungsanlagen	☐
Nachweis der Luftdichtigkeit der Gebäudehülle	☐
Eingangspodest und Vordach	☐
Klingelanlage / Haussprechanlage / Außenbeleuchtung / Briefkasten	☐
4.0 Außenanlage:	
Bodenverbesserungen wie Düngen oder Auflockern	☐
Terrassenbelag	☐

Zugangsweg zum Haus ☐
Zäune ☐
Tore ☐
Außenbeleuchtung ☐
Garage ☐
Einfahrt vor Garage ☐
Mülltonnenstellplatz ☐
Sträucher / Rasen ☐

2. Der Erwerber beauftragt während der Bauphase zusätzliche Leistungen.

Wenn Sie während der Bauphase zusätzliche Leistungen beauftragen, ist klar, dass dadurch auch Mehrkosten entstehen. Bedenken Sie dabei, dass Nachträge dieser Art dem Bauträger eine gute Gelegenheit bieten, Nachlässe bei der Kaufpreisverhandlung durch überhöhte Preise wieder auszugleichen.

Besser ist es, wenn Sie sich über die komplette Leistung vor Vertragsabschluss im Klaren sind und alles vertraglich festhalten. Zu diesem Zeitpunkt sind Sie gleichberechtigter Partner und können mit dem Bauträger am besten verhandeln. Bei Nachträgen während der Bauzeit ist der Bauträger in der besseren Position.

3. Der Erwerber wählt beim Ausbau eine höherwertigere oder umfangreichere Ausstattung als in der Baubeschreibung vorgesehen.

Mehrkosten durch höherwertigere Ausstattung lassen sich leicht vermeiden, wenn Sie die Baubeschreibung aufmerksam lesen. Beim Innenausbau werden oft Materialwerte angegeben (Beispiel: Fliesen reiner Materialwert DM 35,– / € 17,90 pro m^2 inkl. MwSt.) Hier ist es wichtig, dass Sie sich vor Vertragsabschluss darüber informieren, welche Qualität Sie zu diesem Preis bekommen können. In den meisten Fällen werden Sie feststellen, dass die beschriebene Qualität im unteren Bereich zu finden ist. Wenn die Preise in der Baubeschreibung inklusive der Verlegekosten aufgeführt werden, müssen Sie sich den Materialpreis herausrechnen lassen, damit Sie vergleichen können.

4. Die Bauzeit dauert länger als die vertraglich vereinbarte Preisbindungsfrist des Bauträgers

Bei Klauseln, die den Festpreis zeitlich beschränken, ist besondere Vorsicht geboten. Es gibt Firmen, die einen Festpreis an einen Baubeginn innerhalb einer bestimmten Zeit koppeln (z.B. maximal sechs

Monate nach Vertragsabschluss), oder Firmen, die den Festpreis an einen Fertigstellungstermin innerhalb einer bestimmten Zeit binden (z.B. Festpreis gilt 12 Monate nach Vertragsabschluss). Diese Beschränkungen gelten zur Kostensicherheit des Bauträgers für Ursachen, die er nicht zu vertreten hat (beispielsweise Zeitverzögerungen, weil die Erwerber keine Entscheidungen treffen oder ihnen das Geld ausgeht). Es gibt aber auch Gründe für Verzögerungen, die Sie genauso wenig zu vertreten haben wie der Bauträger, und die Abwälzung dieses Risikos auf Sie sollten Sie vermeiden.
Unterschreiben Sie keine entsprechenden Formulierungen, sondern besprechen Sie genau, welche Gründe den Bauträger zur Preisanpassung berechtigen sollen und auf welche Weise er eventuelle Mehrkosten kalkulieren muss. Abgesehen davon müssten Sie ebenfalls die Möglichkeit haben, eventuelle Minderkosten geltend zu machen, denn die Baubranche unterliegt Preisschwankungen nach oben und unten. Damit es nicht so kompliziert wird und es in diesem Punkt erst gar keinen Streit gibt, sollten Sie den Zeitrahmen ausreichend groß bemessen oder erst gar keine zeitliche Beschränkung des Festpreises vereinbaren.

3.2 Kostenvergleich zwischen den Angeboten

Für den Bauträger bilden die folgenden Komponenten im wesentlichen die Grundlage für die Kalkulation des Angebotspreises:

- Grundstückspreis
- Baukosten
- Baunebenkosten
- angestrebter Gewinn / Finanzierungs- / Betriebskosten

Um einzuschätzen, ob das Objekt seinen Preis wert ist und als Grundlage für die Preisverhandlung mit dem Bauträger brauchen Sie folgende Informationen:

- Was kostet der Quadratmeter Grund in dieser Gegend?
- Wie groß ist das Haus (umbauter Raum)?
- Wie viel Wohnfläche steht zur Verfügung (Quadratmeter) ?
- Welche Qualität hat die Ausstattung und die Bauweise?

Eine ungefähre Größenordnung über den Grundstückswert können Sie bei der Stadt oder Gemeinde durch Einsichtnahme von Karten mit so genannten Bodenrichtwerten erhalten. Diese werden von Gutachterausschüssen erstellt, die den Grundstücksmarkt in Ihrer Region beobachten. Eine andere Möglichkeit ist der direkte Preisvergleich von unbebauten Grundstücken in der näheren Umgebung.

Anhand der beschriebenen Ausstattung lässt sich der Standard des Hauses im Groben festlegen. Es lohnt sich, hier einen Fachmann hinzuzuziehen, der die Unterlagen des Bauträgers prüft. Dies kann beispielsweise ein Architekt sein, der Ihnen auch bei den Gesprächen mit dem Bauträger zur Seite steht. Es sollte natürlich nicht der Architekt des Bauträgers sein, damit kein Interessenkonflikt entsteht. Anhand der Leistungsbeschreibung und der Wohnflächenberechnung bzw. der Berechnung des umbauten Raumes ist es ohne weiteres möglich, eine recht genaue Kalkulation darüber zu erstellen, wie viel das Haus inklusive Nebenkosten ohne die Gewinnbeteiligung des Bauträgers kosten würde.

Beispiel Einschätzung des Kaufpreises für ein Reihenhaus

Reihenmittelhaus, Wohngebiet am Stadtrand, ruhige Lage, Grundstücksgröße ca. 275m², Wohnfläche nach Berechnung ca. 108m², Keller, Erdgeschoss, Dachgeschoss ausgebaut
Baubeschreibung einfache bis mittlere Ausstattung

Geforderter Kaufpreis:	540.000.- DM

1.0 Aufsplittung des Kaufpreises:

1.1 geschätzter Grundstückswertanteil (durchschnittlicher m²-Preis Bauland im betreffenden Wohngebiet 580.- DM/m²):	ca. 159.500.- DM
1.2 geschätzter Gebäudewertanteil (ermittelt über Wohnfläche und Ausstattung, Wohnfläche: ca. 108 m², einfache bis mittlere Ausstattung lässt sich in diesem Beispiel für ca. 2.500,--/m² Wohnfläche realisieren): 108 x 2.500,-- DM =	ca. 270.000.- DM

2.0 Differenz zum geforderten Kaufpreis:

Grundstückswertanteil:	ca. 159.500.- DM
Gebäudewertanteil:	ca. 270.000.- DM
Gesamt	ca. 429.500.- DM
Differenz zum Kaufpreis:	110.500.- DM

Entspricht ca. 40% der Baukosten = hohe Gewinnmitnahme des Bauträgers. Hier sollten Sie nochmals Preisverhandlungen erwägen.

Wenn Sie Baukosten und Grundstückskosten vom Kaufpreis abziehen, bleibt der angestrebte Gewinn des Bauträgers übrig. Liegt dieser Betrag deutlich über 10 % der Baukosten, sollten Sie entweder am Preis noch handeln, oder über eine höherwertige Ausstattung bei gleichem Preis reden. Gewinnspannen von 20 % und mehr sind unseriös. Wenn Sie bei diesen Verhandlungen einen fachlich versierten Partner zur Seite haben, können Sie nicht nur viel Geld sparen, sondern in der Regel auch bessere Vertragskonditionen aushandeln.
Es kann auch sein, dass Sie bei derart detaillierter Hinterfragung möglicherweise feststellen, wie schwierig es ist, ein gutes Angebot zu finden. Manche Bauträger scheuen kritische Käufer und arbeiten lieber für unbedarftere Vertragspartner. Dann werden Sie vielleicht zu keinem Vertragsabschluss kommen. Aber auf jeden Fall wissen Sie vorher, auf was Sie sich eventuell einlassen würden.

3.3 Wie sicher ist der garantierte Fertigstellungstermin?

Auch wenn Sie es sich kaum vorstellen können: Terminüberschreitungen von mehreren Monaten kommen trotz eines vereinbarten Fertigstellungstermins durchaus vor. Für den Käufer ist es sehr schwierig, frühzeitig zu erkennen, dass die Termine nicht gehalten werden können. Meist wird es erst in den letzten acht Wochen vor geplanter Fertigstellung offensichtlich, dass das Haus nicht rechtzeitig fertig wird. Zu diesem Zeitpunkt ist die Wohnung meistens bereits gekündigt und alles für den Umzug in die Wege geleitet. Ob Sie nun letztlich den Bauträger für Hotelkosten und anderen Ärger in Regress nehmen können oder nicht, hilft Ihnen in der Situation wenig.

Selbst wenn Sie bereits früh erkennen, dass es Schwierigkeiten mit dem Einzugstermin geben könnte, haben Sie kaum eine Möglichkeit, einzugreifen oder den Bauträger in Verzug zu setzen. Der fest vereinbarte Fertigstellungstermin alleine genügt daher nicht.

Aus diesem Grunde empfiehlt es sich, neben dem Fertigstellungstermin auch Zwischentermine im Bauablauf fest zu vereinbaren. Damit zwingen Sie den Bauträger, sich mit dem Bauablauf auseinander zu setzen und verhindern, dass er Ihnen einen Fantasie-Fertigstellungstermin nennt, der gar nicht einzuhalten ist. Außerdem können Sie diese Termine nochmals von einem Fachmann prüfen lassen. Es genügt, wenn Sie jeweils eine bestimmte Kalenderwoche

(KW) als Zwischentermin vereinbaren, dann hat der Bauträger auch einen gewissen Spielraum zur Verfügung.

Weiter sollten Sie vereinbaren, dass Sie für jeden Tag Überschreitung eines vereinbarten Zwischentermins über die vereinbarte Kalenderwoche hinaus einen bestimmten Geldbetrag einbehalten können. Dieser wird zur Begleichung von Schadensersatzansprüchen verwendet, falls der Fertigstellungstermin nicht eingehalten wird. Bei fristgerechter Übergabe steht dem Bauträger eventuell einbehaltenes Geld natürlich zu.

Folgende Zwischentermine können z.B. vereinbart werden:
- Beginn der Erdarbeiten und Aushub
- Fertigstellung Rohfußboden Keller
- Fertigstellung Rohfußboden Erdgeschoss
- Fertigstellung Rohfußboden Obergeschosse
- Fertigstellung Rohfußboden Dachgeschoss
- Fertigstellung Dachstuhl vom Zimmermann
- Fertigstellung Rohinstallation Heizung und Sanitär
- Einbau der Fenster
- Fertigstellung Estrich
- Fertigstellung Fliesenarbeiten
- Fertigstellung Montage Heizkörper und Sanitärgegenstände

Wenn sich der Bauträger auf eine derartige Vereinbarung einlässt, sind Sie immer über den Stand der Arbeiten informiert. Für den Fall, dass kein fester Baubeginn vereinbart werden kann, weil beispielsweise die Baugenehmigung noch nicht vorliegt, können die Termine auf die Kalenderwochen nach Baubeginn bezogen werden.

Beispiel:

1. Beginn Erdarbeiten und Aushub	2 KW nach Erteilung der Baugenehmigung
2. Fertigstellung Rohfußboden KG	2 KW nach Beginn des Aushubs
3. Fertigstellung Rohfußboden EG	4 KW nach Fertigstellung Rohfußboden KG

und so weiter bis zur geplanten Fertigstellung

4.0 Die bestimmenden Eckdaten des Kaufobjektes

4.1 Die Baubeschreibung

Was kaufen Sie überhaupt? Die Baubeschreibung bildet das Kernstück im Vertragsverhältnis zwischen Bauträger und Erwerber, denn hier wird genau aufgeführt, welche Leistungen vom Bauträger zu erbringen sind. Viele Baubeschreibungen sind jedoch unvollständig, ungenau oder für den Laien unverständlich formuliert. Dahinter steckt nicht selten System, denn alle Formulierungen, mit denen sich der Bauträger nicht festlegt, bedeuten für ihn Spielräume. Hier kann er die für ihn einfachere oder preiswertere Ausführung wählen und damit seinen Gewinn vergrößern.

4.1.1 Die Baubeschreibung richtig lesen

Mit vielen Baubeschreibungen verhält es sich wie mit Urlaubsprospekten. Wenn beispielsweise ein Hotel als verkehrsgünstig gelegen beschrieben wird, ist es gut möglich, dass es dort laut ist, und der Blick aufs Meer kann auch bedeuten, dass das Hotel meilenweit vom Strand entfernt ist. Entsprechend gibt es auch bei Baubeschreibungen typische Formulierungen, die einen Sachverhalt schönen und ihm eine Bedeutung geben, die gar nicht vorhanden ist. Dieses Kapitel soll Ihnen helfen, gute und ausführliche Baubeschreibungen von schlechten zu unterscheiden und fehlende Informationen zu erkennen.

Beispiele typischer Formulierungen in Baubeschreibungen

Was Sie lesen:	Was es bedeuten kann:
Ausführung nach DIN	Mindestanforderungen, die ohnehin nicht unterschritten werden dürfen.

Was Sie lesen:	**Was es bedeuten kann:**
Ausführung nach Statik	Unter den möglichen Ausführungen wird die billigste gewählt.
Schallschutz nach DIN	Mindestanforderungen, die ohnehin nicht unterschritten werden dürfen
Abweichungen von der Baubeschreibung durch behördliche Auflagen, aus wirtschaftlichen,technischen oder architektonischen Gründen werden vorbehalten und stellen keine Wertminderung dar.	Diese Baubeschreibung ist als Anregung zu verstehen. Was wir letztendlich bauen, ist unsere Sache
erfüllt die Wärmeschutzverordnung	Mindestanforderungen, die ohnehin nicht unterschritten werden dürfen
Deutsche Markenprodukte	das billigste deutsche Angebot
Hersteller „...“ oder gleichwertig	das billigste Produkt kommt zur Ausführung
energiesparend, hochwertig,erstklassige Bauweise	vollkommen nichts sagend

4.1.2 Was häufig in Baubeschreibungen fehlt

Beim Lesen der Baubeschreibung müssen Sie auf zwei Dinge achten: Zum einen darauf, was beschrieben wird, zum anderen darauf, was nicht beschrieben wird. Nachfolgend wird ein gegliederter Aufbau erläutert.

1. Vorbemerkungen und Schlussbemerkungen

Hier behält sich der Bauträger meistens vor, dass es Änderungen zur Baubeschreibung geben kann, sofern sie keine Nachteile verursachen und keine Wertminderung darstellen sowie Änderungen durch behördliche Auflagen. Diesem Punkt sollten Sie genauere Beachtung schenken. Im folgenden Abschnitt werden Sie sehen, wie wichtig es in Ihrem Interesse ist, dass die Leistungen in der Baubeschreibung genau festgeschrieben werden.

Wenn die Baugenehmigung erteilt wurde, können keine zusätzlichen behördlichen Auflagen mehr kommen. Wurde sie noch nicht erteilt, stellt sich die Frage, ob überhaupt schon ein Vertrag abgeschlossen werden sollte, denn wird die Baugenehmigung aus irgendwelchen Gründen versagt, muss der Vertrag rückabgewickelt werden. Versuchen Sie, diesen Punkt einzugrenzen, damit Sie auch das bekommen, was Sie gekauft haben.

Außerdem werden in den Vorbemerkungen in der Regel geringfügige Abweichungen von der Wohnflächenberechnung vorbehalten. Das liegt daran, dass die Werkplanung, nach der die Arbeiten ausgeführt werden, zum Zeitpunkt der Erstellung der Baubeschreibung in der Regel noch nicht existiert. Durch Installationsschächte oder Vormauerungen können sich durchaus Abweichungen ergeben. Allerdings lässt sich der Umfang abgrenzen. Meistens wird eine Schwankung von ca. 2 % der Wohnfläche nach oben oder unten vereinbart. Zur Überprüfung der verkauften Wohnfläche mit den tatsächlichen Flächen benötigen Sie eine detaillierte Wohnflächenberechnung.

Ein weiterer Punkt ist, dass die in den Plänen dargestellte Möblierung nicht Bestandteil der Leistungen des Bauträger ist (von ihm also keine Möbel geliefert werden), sondern der Orientierung dient.

Da die Baubeschreibung Bestandteil des Kaufvertrages wird, sollten die Vorbemerkungen zusätzlich Klarheit bei folgenden Punkten bringen:

- Vereinbaren Sie die Baugrunduntersuchung und legen Sie fest, dass Sie das Ergebnis für Ihre Unterlagen bekommen.

- Werden über Mindestanforderungen des Brandschutzes hinaus Maßnahmen getroffen? Wenn ja, welche?

- Gibt es baurechtliche Auflagen über einen einzuhaltenden Mindestschallschutz gegen Außenlärm?

- Möchten Sie im Haus einen erhöhten Schallschutz für bestimmte Räume? Wenn ja, für welche und welchen Schallschutz?

- Wünschen Sie bei Reihenhaustrennwänden einen erhöhten Schallschutz?

- Wenn die Hausanschlüsse zum Leistungsumfang gehören, muss das erwähnt werden. Alle Anschlüsse sollten namentlich genannt werden.

- Beim Bau eines Niedrigenergiehauses sollten die genauen Festlegungen aufgeführt sein, die das Haus zum Niedrigenergiehaus machen. Außerdem sollte vereinbart werden, dass Ihnen die vollständige Berechnung vorgelegt wird.

- Beim Bau eines Niedrigenergiehauses sollte ferner die Durchführung eines Blower-Door-Tests vereinbart werden mit festgelegtem Mindestwert der Luftwechselrate, der erreicht werden muss.

- Vereinbaren Sie, dass Ihnen die Protokolle der behördlichen Rohbauabnahme und der Abnahme der Heizungsanlage durch den Bezirksschornsteinfeger sowie die behördliche Fertigstellungsabnahme zur Verfügung gestellt werden.

- Wenn das Regenwasser auf dem Grundstück versickern soll und nicht über die Kanalisation abgeführt wird, muss Art und Umfang der Leistung genau beschrieben werden, sofern sie im Preis enthalten ist.

Nach den Vorbemerkungen folgt dann die eigentliche Baubeschreibung. Im nachfolgenden Abschnitt werden zu jedem Gewerk, jeweils **kursiv** gedruckt, typische Formulierungen einer Baubeschreibung vorgestellt, wie sie häufig zu finden sind. Dazu erhalten Sie Anmerkungen darüber, was in diesen Beschreibungen fehlt und was eigentlich beschrieben sein sollte.

2. Beschreibung der einzelnen Baugewerke

Erdarbeiten: *Beispiel: Abtragen des Mutterbodens im Bereich des Baukörpers, Lagerung auf dem Grundstück und Einplanierung nach Beendigung der Arbeiten. Erdaushub für den Keller.*

Bei vielen Baubeschreibungen fehlt diese Position. Und auch das hier genannte Beispiel ist nicht vollständig, denn es bleibt unter anderem offen, ob auch der Abtransport des überschüssigen Aushubs zur Deponie und die Deponiegebühren im Preis enthalten sind.

Checkliste Erdarbeiten:

- Steht das Gebäude im Grundwasser?
- Wenn ja, wer trägt die Kosten der Grundwasserabsenkung während der Bauzeit?
- Reicht die Grundstücksgröße, um Mutterboden zu lagern?
- Ist die Abfuhr und Entsorgung überschüssigen Aushubs im Preis enthalten?
- Wer bezahlt die Entsorgung eventueller Altlasten?
- Wer bezahlt den Mehraufwand bei felsigem Baugrund?
- Wer bezahlt den Mehraufwand, wenn der Baugrund nicht tragfähig genug ist?
- Ist das Wiederverfüllen der Arbeitsräume im Preis enthalten?
- Ist das Verteilen und Einplanieren von Mutterboden im Preis enthalten?
- Kann der gesamte Mutterboden auf dem Grundstück verteilt werden?
- Ist eventuelle Zufuhr von Erdmaterial im Preis enthalten?
- Müssen angrenzende Gebäude abgesichert werden? Kosten hier für im Preis enthalten?

Gründung: *Beispiel: Fundamente nach statischer Erfordernis*

Hier handelt es sich um eine Standardformulierung, die Sie häufig lesen werden. Für Sie spielt es letztlich keine große Rolle, wie das Haus gegründet ist. Nach statischer Erfordernis bedeutet, dass die Ausführung so ausgelegt ist, dass keine Mängel entstehen können. Es kann aber auch bedeuten, dass der Bauträger bislang noch keine Ahnung von der Bodenbeschaffenheit hat. Diese Dinge sind jedoch entscheidend für die richtige Planung. Steht das Gebäude beispielsweise im Grundwasser, muss die Ausführung der Bodenplatte und der Kellerwände druckwasserdicht sein und erfolgt in Stahlbeton als so genannte „weiße Wanne“. Falls Aufenthaltsräume im Keller geplant sind, muss auch der Boden wärmegedämmt werden. Dies erfolgt entweder unter der Bodenplatte oder durch Dämmung unter dem Estrich.

Checkliste Gründung:
- Liegt eine Baugrunduntersuchung bereits vor?
- Wie sind die Bodenverhältnisse?
- Wie hoch liegt der Grundwasserstand?

Außenwände Keller: *Beispiel: Ausführung nach Statik in Beton oder Mauerwerk, bei Mauerwerk zusätzlich äußere Feuchtigkeitsabdichtung*

Statt der Standsicherheit des Kellermauerwerks, die ohnehin Vorschrift ist, sollte der genaue Außenwandaufbau beschrieben werden, der vom vorhandenen Baugrund und der Höhe des Grundwasserspiegels abhängt. Ist der Baugrund nicht versickerungsfähig wie z.B. bei Lehmböden, muss für die Verfüllung geeignetes Material verwendet werden. Außerdem kann die Verlegung einer Drainageleitung im Fundamentbereich notwendig werden. Bei Aufenthaltsräumen im Keller muss die Außenwand gedämmt werden. Sofern nicht bei den Fenstern aufgeführt, sollten hier die Kellerfenster und Kellerlichtschächte genau beschrieben werden.

Checkliste Kellerwand:
- Wie wird die Abdichtung gegen Feuchtigkeit ausgeführt?
- Bei Kellerfenstern: Hersteller, Typ, Öffnungsarten?
- Bei Lichtschächten: Hersteller, Typ, Einbruchsicherung?
- Wenn das Gebäude im Grundwasser steht: Ist die Grundwasserabsenkung während der Bauzeit im Preis enthalten?
- Bei Aufenthaltsräumen im Keller: Wird die Außenwand gedämmt?
- Wie dick ist die Dämmstärke (ab 10 cm Dicke handelt es sich um gute Ausführung) ?

Außenwände: *Beispiel 1: Zweischaliges Mauerwerk, tragende Wandschale allgemein: massiv, KS-Stein oder gleichwertig, Druckfestigkeit nach Statik. Äußere Mauerschale in Verblender, 8 cm Isolierung (Kerndämmung) zwischen Mauerwerk und Klinker.*

Beispiel 2: Mauerwerk sowie Betonwände nach statischen Erfordernissen; Innenseite geputzt bzw. gespachtelt, außenseitig Wärmedämmverbundsystem (Thermohaut) mit hellem Mineralputz

Beispiel 3: Leichtziegelmauerwerk, z.B. Gisoton ca. 24 cm stark oder gleichwertig, hochwertig dämmende Mauersteine 24cm stark.

Es gibt verschiedene Möglichkeiten für den Außenwandaufbau. Letztlich sind bei sorgfältiger Ausführung viele Wandaufbauten geeignet und erfüllen ihre Funktion. Das Verklinkern der Außenwände ist dabei die teuerste Möglichkeit, aber auch die dauerhafteste. Worauf es hauptsächlich ankommt, ist die Dämmwirkung der Wand sowohl beim Wärmeschutz als auch beim

Schallschutz. 8 cm Wärmedämmung oder 24 cm Massivwand bedeuten, dass hier die geltende Wärmeschutzverordnung gerade so eingehalten wird. Gut ist eine Dämmung ab 12 cm Stärke, einschaliges Mauerwerk ohne weitere Dämmung sollte mindestens 36,5 cm stark sein.

Checkliste Außenwand:

- Wie ist die Wand aufgebaut (einzelne Schichten)
- Wie dick ist die Dämmung, aus welchem Material?
- Welchen k-Wert hat die Außenwand?
- Gibt es Auflagen für einen geforderten Mindestschallschutz z.B. wegen erhöhtem Außenlärm?
- Bei Verblendungen: Gibt es Mustersteine?
- Bei Außenputz: Welche Putzstruktur wird ausgeführt?
- Aus welchem Material ist die Fensterbank außen?
- Bei Außenputz: wird der Putz gestrichen oder ist das Material durchgefärbt?
- Aus welchem Material ist der Sockel?

Decken: *Beispiel: Stahlbetondecken unterseitig malerfertige Ausführung*

Betondecken lassen sich in Ortbeton herstellen oder als Fertigteile auf der Baustellen zusammensetzen. Da Fertigteildecken unterseitig eine glatte Oberfläche haben, werden sie vom Bauträger in der Regel nicht verputzt. Lediglich die Fugen zwischen den Platten werden gespachtelt. Da man trotz Spachteln in fast allen Fällen die Stöße trotzdem sieht, werden die Decken mit Raufasertapete tapeziert und anschließend gestrichen. Wenn Sie keine Tapete an der Decke mögen, sollten die Untersichten mit Gipsputz versehen werden. Achten Sie darauf, ob Malerarbeiten mit im Leistungsumfang enthalten sind.

Checkliste Decken:

- Material (Beton, Holz, Ziegel) und Ausführungsart (Halbfertigteil, Fertigteil) der Geschossdecken?
- Ausführung der Deckenuntersicht?
- Welche Decken werden nicht verputzt?

Treppen: *Beispiel 1: Jedes Geschoss vom Keller bis zum Dachgeschoss erhält eine Treppe als lackierte Stahlkonstruktion mit Stufen und Handlauf aus Holz (Buchenfurnier)*

Beispiel 2: Stahlbetontreppe mit glatter Stetz- und Trittstufe, zur Aufnahme von Textilbelag oder Keramikplatten im Dünnbettverfahren.

Beispiel 3: Geschlossene Wangentreppe mit Tritt- und Setzstufen aus Nadelholz mit weißem Grundanstrich. Nach Detail Geländer und einseitiger Handlauf. Die Endlackierung erfolgt in Eigenleistung des Käufers.

Bei beengten Platzverhältnissen werden Treppen gerne als so genannte gewendelte Treppen geplant, d.h. die Treppe verläuft nicht geradlinig, sondern mit Wendungen, man könnte auch sagen „Kurven". Gewendelte Treppen lassen sich nicht so gut begehen wie nicht gewendelte oder solche mit einem Zwischenpodest. Da bei gewendelten Treppen die Stufen oft auch stark verzogen werden müssen, ist es wichtig, darauf zu achten, dass in einer mittigen Lauflinie immer die gleiche Auftrittstiefe garantiert wird. Auch das Steigungsverhältnis einer Treppe ist wichtig. Es beschreibt die Relation zwischen dem Höhenabstand von einer Stufe zur nächsten und der Auftrittstiefe einer jeweiligen Stufe. Schnell kann eine Treppe zu steil werden. Ein angenehmes Steigungsverhältnis ist z.B. 17/29, d.h. der Höhenversatz der Stufen beträgt jeweils 17 cm, die Auftrittstiefe der Stufen beträgt jeweils 29 cm.
Wird das Material Holz bei Treppen verarbeitet, kommt oftmals Furnier zur Ausführung, weil es billiger ist. Je dicker das Furnier (1 mm – 2,5 mm), desto hochwertiger die Qualität. Achten Sie darauf, ob Massivholz oder furniertes Holz verarbeitet wird. Teppichbelag auf der Treppe sollte hochwertig und für Treppen geeignet sein, weil die Abnutzung gerade an den Kanten besonders groß ist.
Fliesenbelag sieht bei geraden Treppen gut aus, bei gewendelten Treppen entsteht meist ein unschönes Fugenbild.
Endlackierung in Eigenleistung ist gerade bei einer Treppe viel Arbeit und muss fachmännisch ausgeführt werden, damit das Ergebnis gut wird. Lassen Sie sich in einem solchen Fall den Mehrpreis für die Fertigstellung nennen.

Checkliste Treppe:

- Massivholz oder furniert? Dicke des Furniers?
- Welches Holz kommt zur Ausführung?
- Bei Teppich: Material für Treppen geeignet?
- Gibt es ein Muster der Treppe zu besichtigen?
- Gibt es Fotos oder Detailzeichnungen?
- Wird die Treppe schallentkoppelt montiert?
- Steigungsverhältnis der Treppe?
- Geländerausführung (Material, Gestaltung)?

Dach:

Beispiel: Holz-Pfettendach nach Statik dimensioniert. Das Holz wird gegen Schädlingsbefall imprägniert. Dachüberstand Kiefer oder braun.

Hier erfahren Sie über das Dach so gut wie nichts. Es fehlen Angaben zur Qualität und Dicke der Wärmedämmung, Farbe und Material der Dacheindeckung sowie Material der Blecharbeiten für Rinnen und Fallrohre. Es wird nicht erwähnt, wie groß der Dachüberstand ist, aus welchem Material die unterseitige Verkleidung des Dachüberstandes und die seitliche Verkleidung der giebelseitigen Überstände ist, ob die Sparren sichtbar bleiben usw. Weder Dachform noch Dachneigung wird beschrieben und es fehlen Aussagen zur Gestaltung von Dachgauben.

Checkliste Dach:

- Wie dick ist die Wärmedämmung? (Ein guter Wert ist ab 20 cm)
- Aus welchem Material besteht die Dämmung?
- Wie groß ist der Dachüberstand an der Traufe (parallel zur Regenrinne)?
- Wie groß ist der Dachüberstand am Giebel?
- Rinnen und Fallrohre in Zink oder Kupfer?
- Wird der Dachüberstand unterseitig verkleidet? Wie?
- Dacheindeckung mit Ziegel oder Betonsteinen?
- Fabrikat, Typ, Farbe der Dacheindeckung?
- Mit welchem Material werden die sichtbaren, giebelseitigen Sparren (Ortgangsparren) als Wetterschutz verkleidet?
- Gibt es Auflagen an den Schallschutz, die beim Dach berücksichtigt werden müssen?
- Bei Dachflächenfenstern: Welches Fabrikat, welcher Typ, welche Verglasung und Größe?
- Dachzubehör im Preis enthalten (Schneefanggitter, Tritte für Schornsteinfeger, Blitzableiter)?

Balkon: *Beispiel: Stahlbetonmassivplatte, Brüstung als Geländer mit Brüstungsverkleidung, Belag mit Waschbetonplatten.*

Bei Balkonen kann man grundsätzlich zwischen drei Varianten unterscheiden: Zum Einen dem Dachbalkon, zum Zweiten dem vorgestellten Balkon und zum Dritten dem Balkon als Kragplatte. Bei Dachbalkonen ist die Beschreibung der Wasserabführung und der Dichtungen besonders wichtig. Bei Balkonen, die nicht frei vor das Haus gestellt sind, sondern über eine Kragplatte mit einer Geschossdecke direkt verbunden sind, ist besonders auf die Ausbildung der potenziellen Wärmebrücke am Übergang zwischen Balkonboden und Geschossboden zu achten.

Bei vielen Neubauten sieht man heute transparente Balkongeländer aus Glas etc. Wenn Sie sich gerne vor Blicken geschützt auf dem Balkon aufhalten möchten, sollte die Brüstung von Anfang an entsprechend gestaltet sein.

Fliesenbeläge auf Balkonen müssen im Fall einer Sanierung komplett erneuert werden. Bei Holzbelägen oder Plattenbelägen, die mit offenen Fugen verlegt werden, kann der Belag entfernt, und nach der Reparatur der Abdichtung wieder verlegt werden.

Checkliste Balkon:

- Aus welchem Material ist das Geländer und der Handlauf (verzinkter Stahl, Edelstahl, Kunststoffplatten, Lochblech, Glasplatten usw.)?
- Aus welchem Material ist der Bodenbelag (Fliesen, Betonplatten, Holz)?
- Bei Fliesen und Betonplatten: Hersteller, Typ, Farbe?
- Bei Holz: Holzart, Art der Imprägnierung?
- Welche Verlegeart wird gewählt?
- Ist die Brüstung geschlossen oder durchsichtig?
- Wie wird der Balkon entwässert (Speier, Fallrohre)?
- Ist die Balkonplatte thermisch getrennt?

Innenwände: *Beispiel: Beton, Hochlochziegel, Kalksandsteine, Bims- und Gipsplatten nach statischen Erfordernissen:*

Hier hält sich der Bauträger alle Optionen offen, das für ihn billigste Material zu verwenden. Es ist nicht einmal klar formuliert, ob unter Gipsplatten massive Gipsbauplatten zu verstehen sind oder Gipskartonplatten auf Ständerwerk. Informieren Sie sich über die Vorzüge und Nachteile jedes Materials. Kalksandsteine bieten aufgrund ihres Gewichts einen guten Schallschutz, Bimswände oder Gipsdielen lassen sich relativ einfach abbrechen, wenn beispielsweise später einmal zwei Räume zusammengelegt werden sollen. In einem solchen Fall bietet sich auch an, entsprechende Wände als Ständerwerk mit Gipskartonplatten auszuführen. Für einen guten Schallschutz sollten sie mindestens auf einer Seite doppelt beplankt werden und die Hohlräume mit Dämmmaterial gefüllt werden. Am besten legen Sie bei Vertragsabschluss für jede Innenwand das Material fest.

Checkliste Innenwände:

- Erhöhter Schallschutz für bestimmte Räume vorgesehen?
- Kann der Baustoff der Wände raumweise festgelegt werden?

Innenputz, Trockenbau: *Beispiel 1: Alle gemauerten Wandflächen sowie die Betondeckenflächen in den Wohngeschossen und im Kellerflur erhalten einen einlagigen Gipsputz. Die inneren Wand- und Deckenflächen in Erd- und Obergeschossen sowie Dachgeschosswände erhalten einlagigen Putz. Das Mauerwerk des Vorratskellers erhält Fugenglattstrich. Der Hobbyraumausbau erfolgt durch den Käufer.*

Beispiel 2: Alle Innenwände im Erd- und Obergeschoss werden tapezierfertig verspachtelt. Decken im Erd- und Obergeschoss werden verspachtelt, sofern Fertigteile verwendet werden, Untersicht sonst in Sichtbeton. Sonderwünsche: Wand- und Deckenputz aus Gipsputz.

In den meisten Baubeschreibungen ist der Keller das Stiefkind beim Verputzen der Decken und Wände. Im ersten Beispiel wird der Kellerflur noch verputzt, die restlichen Wandflächen bleiben unverputzt, es fehlt auch eine Aussage darüber, ob das Mauerwerk Fugenglattstrich erhält, was einen besseren optischen Eindruck vermittelt. Da der Hobbyraumausbau im ersten Beispiel durch den Käufer erfolgen soll, muss geklärt werden, ob auch andere Leistungen wie z.B. Estrich und Elektroinstallation fehlen. Im zweiten Beispiel schließlich ist das Verputzen von Decken und Wänden ein Sonderwunsch, der Mehrkosten verursacht. Beim Preisvergleich von Angeboten sind diese Unterschiede wichtig. In Räumen mit erhöhtem Feuchtigkeitsaufkommen kann es sinnvoll sein, statt Gipsputz einen Kalk-Zementputz zu verwenden, weil dieser beständiger gegen Feuchtigkeit ist (z.B. hinter Fliesen im Duschbereich).

Beim Ausbau des Dachgeschosses kommt vielfach der so genannte Trockenbau zum Einsatz. Hierbei handelt es sich in der Regel um Gipskartonplatten, die auf eine Unterkonstruktion aufgeschraubt werden. Während dies bei der Innenauskleidung von Dachschrägen üblich ist, sind Zwischenwände als Trockenbau-Ständerwände nicht jedermanns Geschmack. Eine sinnvolle Ausnahme ist eine Trockenbau-Zwischenwand dann, wenn Sie diese nach einiger Zeit entfernen möchten, um beispielsweise aus zwei Räumen einen großen Raum zu machen

Aus Schallschutzgründen wie z.B. in Flughafennähe können besondere Anforderungen an den Schallschutz des Daches gestellt werden, bei denen eine einfache Beplankung der Dachschrägen mit nur einer Gipskartonplatte nicht ausreicht.

Checkliste Innenputz:

- Gibt es Wand- und Deckenflächen, die nicht verputzt werden?
- Werden die unverputzten Wandflächen mit Fugenglattstrich aus geführt?
- Aus welchem Material besteht der Putz (Gips, Kalkzement)?
- Welche Putzstruktur wird ausgeführt (glatt, strukturiert)?
- Werden Wände in Trockenbauweise erstellt?
- Gibt es Anforderungen an den Schallschutz (Außenlärm)?

Fenster:

Beispiel 1: Fenster und Fenstertüren aus weißem Kunststoff mit Isolierverglasung. Je nach Erfordernissen werden die Fenster mit Drehbeschlag bzw. Drehkippbeschlag ausgeführt.

Beispiel 2: Isolierverglaste Fenster aus tropischem Plantagenholz (Dark-Red-Meranti o.Ä.), außen dunkel, innen auf Wunsch weiß lackiert, mit Falz und Dichtung, Qualitätsstandard entsprechend dem Institut für Fenstertechnik in Rosenheim.

Auch hier fehlen oft wichtige Angaben zum Wärmeschutz oder Schallschutz der Verglasung. Zwischen Kunststofffenstern und Holzfenstern gibt es keinen großen Preisunterschied, zwischen Fensterelementen mit oder ohne Sprossenteilung aber schon. Es gibt außerdem keinen Grund, warum ein Fenster nicht zu kippen sein soll. Bei Vertragabschluss sollten in den Ansichten die Aufschlagsrichtungen aller Fenster eingezeichnet und Vertragsbestandteil sein. Überlegen Sie kritisch, ob Sie wirklich Tropenholz einsetzen wollen (vor allem unter ökologischen Gesichtspunkten), auch wenn es so genanntes Plantagenholz ist. Die wirkliche Herkunftsüberprüfung ist oft schwierig.

Checkliste Fenster:

- Welchen k-Wert hat die Verglasung (Gut ist ein k-Wert von 1,1 oder kleiner)
- Gibt es Vorgaben an den Schallschutz der Verglasung?
- Sind abschließbare Fenstergriffe vorgesehen?
- Aus welchem Fabrikat, welchem Typ ist der Fenstergriff?
- Sind die Beschläge einbruchhemmend?
- Bei Festverglasung einzelner Fenster: Lässt sich das Fenster trotzdem bequem putzen?
- Wenn Sprossen in den Zeichnungen dargestellt sind, müssen diese in der Baubeschreibung genau bezeichnet werden. Sind die Sprossen glastrennend, im Glaszwischenraum liegend oder aber aufgeklebt?
- Sind die Fenstergrößen in den Plänen angegeben?
- Aus welchem Material sind die Fenster?

Fensterbänke: *Beispiel 1: Innenfensterbänke aus marmorierter Kunstharzplatte.*

Beispiel 2: Innenfensterbänke aus Naturstein.

Ob die Innenfensterbänke Marmordekor haben oder aus Marmor bestehen, ist doch ein erheblicher Qualitätsunterschied. Die Formulierung „Fensterbank aus Naturstein“ ist zu ungenau formuliert. Auch hier gibt es neben einer großen Farbvielfalt erhebliche Qualitäts- und Preisunterschiede. Bei Vertragabschluss sollte das Material oder zumindest der Materialwert festgelegt werden, nach dem Sie den Stein aussuchen können.

Rollläden: *Beispiel 1: Alle Fenster werden für Rollläden (Rollladenkasten, Führungsleisten) vorbereitet.*

Beispiel 2: Rollläden in Kunststoff an allen senkrechten, rechteckigen Fenstern im Erdgeschoss.

Für eine eventuelle Nachrüstung mit elektrischen Rollläden sollte schon jetzt zusätzlich eine Elektroleitung oder zumindest ein Leerrohr zum Rollladenkasten geführt werden. Die Kästen sollten auch Revisionsöffnungen haben.

Checkliste Rollläden:

- Haben die Rollläden eine Sicherung gegen Hochschieben?
- Sind die Rollläden von außen montiert oder in einem Rollladenkasten über dem Fenster?
- Handelt es sich um Mini-Rollläden mit kleinen Lamellen (klappern mehr als normale Profile)?
- Aus welchem Material sind die Rollläden (Kunststoff, Aluminium, Holz)?
- Sind die Rollladenkästen wärmegedämmt (wie dick)?

Innentüren:

Beispiel 1: Sämtliche Innentüren sind als Holztüren mit Holzzargen in glatt abgesperrter Ausführung mit weiß beschichteter Oberfläche vorgesehen.

Beispiel 2: Türblätter in Buche oder gleichwertig, naturholzfurniert oder weiß lackiert mit weiß lackierten Stahlzargen. Beschläge nach Bemusterung.

Beispiel 3: Holzumfassungszargen einschl. Türblätter in ca. 2 m Höhe. Zarge und Türblatt in fertiger, beschichteter Oberfläche in „Esche weiß“ (Melaminharzfolie), kantenfoliert

Formulierungen wie „weiß beschichtete Oberfläche“ besagen nicht eindeutig, dass es sich um eine lackierte Holzoberfläche handelt. Es könnte auch eine weiße Kunststofffolie sein. Bei Formulierungen wie „Buche oder gleichwertig“ empfiehlt es sich, das Material vor Vertragsabschluss festzulegen, damit Sie keine Überraschungen erleben. Türhöhen von 2 m sind immer noch Standard, die Tendenz geht aber zu Türhöhen von 2,12 m, da die Menschen heute größer sind als vor 30 Jahren. Die Qualität des Türblattes muss ebenfalls beschrieben werden, da es hier erhebliche Preisunterschiede gibt. Türblätter mit Steg- oder Wabeneinlage sind die einfachste Ausführung, eine Röhrenspaneinlage ist heute guter Standard, einen besseren Schallschutz bietet ein Türblatt mit Vollspaneinlage, falls Sie für bestimmte Räume mehr Schallschutz möchten. Eine Gummidichtung zwischen Zarge und Türblatt muss auch vorhanden sein.

Checkliste Innentüren:

- Wie ist das Türblatt aufgebaut?
- Welchen Schalldämmwert hat das Türblatt?
- Welche Oberfläche hat das Türblatt (Holz, Kunststoff)?
- Aus welchem Material besteht die Zarge?
- Welcher Türgriff wird verwendet (Fabrikat, Typ, Material, Farbe)?

- Wie hoch ist der Mehrpreis bei Glasausschnitten?
- Bei Glasausschnitt auch Größe und Glasart beschrieben?
- Welche Bänder werden verwendet?
- Welche Schließmechanismen kommen zum Einsatz?

Elektro, Antenne, Telefon:

Beispiel: Die Leitungen werden nach geltenden VDE-Vorschriften verlegt.
In allen Räumen befinden sich Deckenauslässe für Beleuchtung, in den Bädern und Gäste-WC über den Spiegeln. In der Küche sind 8 Steckdosen, im Wohnzimmer 7, im Schlafzimmer 5, in Kinderzimmern 4 und in Dielen/Fluren und Gäste-WC je 1 Steckdosen vorgesehen.
In den Küchen ist außerdem ein Anschluss für Elektroherd und Geschirrspülmaschine installiert. Die Terrasse erhält eine von innen schaltbare Steckdose.
Im Keller wird ein Anschluss für Waschmaschine und Trockner erstellt. Der Hauseingang und die Terrasse erhalten je einen von innen schaltbaren Beleuchtungsauslass.
Im Wohnzimmer, im Schlaf- und in den Kinderzimmern ist ein Leerrohr für Rundfunk und Fernsehen vorgesehen.
Zusätzlich werden 2 Anschlüsse für Telefonleerrohre verlegt.
Jeder Kellerraum erhält eine Deckenbrennstelle und eine Steckdose.
Außerdem wird eine Klingelanlage installiert.

Die Elektroinstallation ist eine der umfangreicheren Positionen in der Baubeschreibung, weil in der Regel jeder einzelne Raum mit seiner Ausstattung beschrieben wird. Um zu beurteilen, ob die Zahl der Steckdosen ausreichend ist (in der Regel sind zu wenig Steckdosen vorgesehen), haben Sie die Möglichkeit, dies an Hand Ihrer jetzigen Situation zu klären. Zählen Sie die Steckdosen in den Räumen in Ihrer gegenwärtigen Wohnung und überlegen Sie, ob diese ausreichend sind.

Wie auch in diesem Beispiel fehlt in Baubeschreibungen oft, aus welchem Fabrikat, welchem Typ und welcher Farbe die Schalter und Steckdosen sind. Ist nichts festgelegt, kann der Bauträger das billigste Produkt verwenden.

Die Leitungen können als Stegleitungen oder als Mantelleitungen ausgeführt werden. Stegleitungen sind preiswerter und können auf der Wand verlegt werden. Sie müssen auf jeden Fall eingeputzt werden. Mantelleitungen sind hochwertiger, jedoch müssen die Wände aufgrund des Durchmessers der Kabel geschlitzt werden. Die Zukunft der Elektroinstallation heißt „Bus-System". Bei dieser aufwändigen Art der Installation sind die Zuordnungen von Schaltern und Lichtauslässen nicht mehr festgelegt. So können Sie beispielsweise einem Schalter auch nachträglich eine Steckdose zuordnen, wenn Sie eine Stehlampe gekauft haben, und diese von der Türe aus ein- und ausschalten möchten.

Leerrohre für Antenne und Telefon bedeutet, dass keine Kabel dafür verlegt werden und hier nachträglich zusätzliche Kosten auf Sie zukommen. Nicht selten werden Leerohre beim Bau des Hauses beschädigt und sind später unbrauchbar, was zusätzlichen Ärger verursacht und erst nach der Abnahme beim Versuch, Kabel einzuziehen, festgestellt wird.

Nicht immer ist eine Klingelanlage in der Baubeschreibung enthalten. Im oben genannten Beispiel fehlt auch hier Fabrikat, Typ, Farbe.

Checkliste Elektroinstallation:

- Sind ausreichend Steckdosen und Schalter vorgesehen?
- Fabrikat, Typ und Farbe der Schalter und Steckdosen?
- Welche Kabel werden verlegt?
- Sind Außensteckdosen und Außenbeleuchtung vorgesehen? Sind diese von innen schaltbar?
- Fabrikat, Typ und Farbe der Klingelanlage / Sprechanlage?
- Werden Leitungen für Antenne und Telefon verlegt?
- Kommen Dimmer zum Einsatz?
- Sind die Steckdosen mit integrierter Kindersicherung ausgestattet?

Heizungsanlage:

Beispiel: Im UG wird eine umweltfreundliche, energiesparende mit hohemWirkungsgrad arbeitende gasbefeuerte Heizungsanlage eingebaut.
Die Heizung wird als erdgasbetriebene Anlage mit Warmwasserbereitung ausgeführt. Die Leitungen werden gem. DIN in Kupferrohr ausgeführt.

Bei Heizungsanlagen gibt es Preisunterschiede von mehreren tausend DM / Euro. Damit Sie vergleichen können, brauchen Sie den Namen des Hersteller und den Typ der Heizungsanlage. Fragen Sie dann einen Fachingenieur oder Installateur, was er von der genannten Anlage hält, und ob diese wartungsarm oder nur preiswert ist. Legen Sie sich bei Vertragsabschluss auf ein Fabrikat fest. Machen Sie sich klar, dass ein klassisches Heizsystem in der Regel aus 7 Bausteinen besteht, die alle reibungslos funktionieren müssen, damit das Gesamtsystem Heizung funktioniert:

- die Tanklage (bei Ölheizung) / die sichere Gaszuführung (bei Gasheizung)
- die Brenneranlage (zur Verbrennung des Heizstoffes)
- die Kesselanlage (zur Erwärmung des Heizwassers)
- die Heizungspumpen (zur Verteilung des Heizwassers in Rohre und Heizkörper)
- die Heizungsrohre (zur Zu- und Abführung des Heizwassers zu bzw. von den Heizkörpern)
- die Heizkörper (zur optimalen Wärmeabgabe des heißen Wassers in den jeweiligen Raum)
- die Sicherheitseinrichtungen (wie das Ausdehnungsgefäß, zur Aufnahme entstehenden Überdrucks, oder auch Sicherheitsventile, durch die bei geschlossenen Systemen Überdruck entweichen kann)

Checkliste Heizungsanlage:

- Welche Primärenergie wird genutzt (Gas, Öl, Fernwärme, Strom)?
- Bei Öl: Wo ist der Tankraum, wie groß ist der Tank?
- Gibt es zusätzliche Heizquellen (Kachelofen)?
- Genaue Beschreibung der Anlage mit Brenner, Kessel usw. (Fabrikat, Typ usw.)
- Anlage mit Brennwerttechnik?
- Wie groß ist die Leistung der Anlage (KW-Zahl)?
- Welche Rohrmaterialien kommen zum Einsatz?
- Welche Heizkörper kommen zum Einsatz?
- Schallentkoppelung der Heizungsrohre?

Warmwasserbereitung: *Beispiel 1: Bad: Elektro-Durchlauferhitzer 21 KW. Küche: 5 Liter Untertischgerät (ohne Montage). Gäste-WC: Kaltwasseranschluss*

Beispiel 2: Zentrale Warmwasserversorgung für Gäste-WC, Bad und Küche mit indirektem Gas-Warmwasserboiler, 80 Liter Inhalt

Zwischen einem einfachen Durchlauferhitzer und einer zentralen Warmwasserbereitung liegt ein erheblicher Komfortunterschied. Wenn Sie alleine leben, haben Sie mit einem Durchlauferhitzer keine Probleme. Aber wenn Sie gerade beim Duschen sind und ihr Partner den Wasserhahn am Waschbecken öffnet, wird das Wasser zum Rinnsal, dann erst kalt und dann sehr heiß, wenn der Hahn am Waschbecken wieder geschlossen wird. Elektronische Durchlauferhitzer mit Temperaturregelung funktionieren wesentlich besser, haben aber trotzdem nicht den Komfort einer zentralen Warmwasserversorgung.

Aber auch bei der Warmwasserversorgung gibt es einige Dinge zu beachten. Zum einen muss der Speicher ausreichend dimensioniert sein. Die oben beschriebenen 80 Liter Fassungsvermögen sind zu wenig. Für eine vierköpfige Familie sollten es schon 160 bis 200 Liter sein. Dann muss die Heizungsanlage so ausgelegt sein, dass der Speicher bei Wasserverbrauch schnell aufgeheizt wird. Außerdem muss eine Zirkulationsleitung verlegt sein, damit warmes Wasser sofort zur Verfügung steht und Sie nicht erst ein paar Sekunden lang Wasser laufen lassen müssen, bevor es warm wird.

Checkliste Warmwasser:

- Verlegeart der Kellerleitungen auf Putz oder unter Putz? Art der Warmwasserbereitung?
- Größe des Speichers (Fabrikat, Typ)?
- Ist eine Solaranlage vorhanden?
- Kann eine Solaranlage nachgerüstet werden?

Sanitärausstattung: *Beispiel: Zur kompletten sanitären Ausstattung gehören ein wandhängendes Tiefspül-WC mit eingebautem, geräuscharmen Spülkasten, Kunststoffsitz und Deckel und Papierrollenhalter. Stahl-Einbauwanne, mit verchromter Einhebel-, Wannenfüll- und Brausebatterie, Handbrause und Überlaufgarnitur. Brausetasse mit Ablaufgarnitur, verchromter A.P.-Einhebel-Brausebatterie, Unika-Stange und Handbrause mit flexiblem Schlauch.*
Ein Porzellan-Waschtisch, ca. 65cm breit, Einhebelmischer und Exenterablaufgarnitur, Kristallspiegel 50/60cm und Handtuchhalter.

Auch die Sanitärausstattung wird in der Regel sehr umfangreich beschrieben. Im oben genannten Beispiel sind zwar die einzelnen Objekte aufgeführt, über die Qualität erfahren Sie jedoch nichts. Gerade im Badbereich gibt es erhebliche Preisunterschiede von vielen hundert DM/Euro. Achten Sie darauf, dass spätestens bei Vertragsabschluss genau aufgeführt wird, aus welchem Fabrikat, welcher Serie und in welcher Farbe die einzelnen Gegenstände sind. Ein Spiegel in einer Größe von 50/60 cm ist in heutigen modernen Bädern nicht mehr zeitgemäß und höchstens im Gäste-WC denkbar. Gerade wegen der Änderungswünschen bei der Badausstattung entstehen oft Mehrkosten von vielen tausend DM / Euro.

Checkliste Sanitär:

- Sind alle Sanitärgegenstände genau beschrieben? (Fabrikat, Typ, Farbe usw.)?
- Wo ist der Waschmaschinenanschluss vorgesehen?
- Gibt es eine Außenzapfstelle im Garten?
- Gibt es Bodeneinläufe im Keller?
- Ist eine Zirkulationsleitung vorgesehen?
- Aus welchem Material sind die Leitungen?
- Schallklasse der Armaturen?
- Schallentkoppelung der Sanitärgegenstände?

Estrich: *Beispiel: Zur Ausführung kommt schwimmender Estrich in den Wohngeschossen, Verbundestrich im Kellergeschoss.*

Es kommt häufig vor, dass in den Kellerplänen ein Hobbyraum eingezeichnet ist, in der Baubeschreibung jedoch kein schwimmender Estrich im Keller vorgesehen ist. Durch die fehlende Dämmung sind die Räume dann sehr fußkalt. Wenn Sie die Kellerräume nicht nur als Keller nutzen möchten, sollte der Flur und der entsprechende Raum einen schwimmenden Estrich erhalten. Für die restlichen Räume genügt ein Estrich auf Trennlage, der gegenüber einem Verbundestrich den Vorteil hat, dass er bei Bedarf leichter zu entfernen ist. Der Nachteil bei unterschiedlichen Estrichen: Es entsteht ein Höhenunterschied am Materialübergang beider Estriche.

Gibt es offiziell eine Wohnnutzung im Keller, müssen die Wände zwischen beheizten und unbeheizten Räumen ausreichend gedämmt werden.

Checkliste Estrich:

- Aus welchem Material ist der Estrich (Zementestrich, Anhydritestrich, Gussasphaltestrich)?
- Aus welchem Material ist die Dämmschicht?
- Welche Materialhöhen haben die einzelnen Schichten?
- Bei Räumen über unbeheiztem Keller: wie dick ist die Dämmschicht? (Wärmeschutzverordnung berücksichtigt?)

Fliesen:

Beispiel 1: Die Wandflächen im Bad und WC werden umlaufend raumhoch gefliest. Bodenfliesen in Bad und WC. Wand- und Bodenfliesen nach Mustervorlage, Materialpreis Bodenfliese ca. DM 30.– / € 15.– / m², Materialpreis Wandfliese ca. DM 20.– / € 10.– / m²

Beispiel 2: Bad und WC keramische Fliesen, deckenhoch verlegt, Format 15/20 bzw. 20/20 cm, weiß, nach Mustervorlage, Material verrechnungspreis = Bruttolistenpreis ca. DM 40.– / € 20.– / m²

Eine hochwertige, schöne Fliese werden Sie kaum für DM 20.– / € 10.– / m² finden. Auch bei den Fliesenarbeiten kommt es oft zu Mehrkosten, weil die Erwerber mit der Fliesenauswahl nicht zufrieden sind. Begriffe wie „Materialverrechnungspreis“ oder „Bruttolistenpreis“ sind sehr erklärungsbedürftig.
Sie können alle Diskussionen vermeiden, wenn Sie sich mit dem Bauträger darauf einigen, dass Sie die Fliesen im Fachhandel frei aussuchen können, und der Bauträger einen festgelegten Betrag beisteuert. Wichtig ist, dass Sie nicht auf einen Fliesenaussteller festgelegt sind.
Es lohnt sich, vor den Verhandlungen eine Ausstellung zu besuchen, damit Sie sich ein Bild darüber machen können, was Fliesen kosten, die Ihrem Geschmack entsprechen.

Checkliste Fliesen:

- Wie hoch ist der Materialpreis der Fliesen?
- Müssen die Fliesen in einem bestimmten Geschäft ausgesucht werden?
- Ist die Fliesengröße frei wählbar?
- Wenn Sie die Fliese nicht aussuchen können, sind Hersteller, Typ, Material, Farbe und Größe genau zu beschreiben.
- Mehrpreis für Verlegung eines Fliesenmusters (z.B. diagonale Verlegung)?
- Ist die Höhe der Wandverfliesung ausreichend?
- Sind Revisionstüren vorgesehen?
- Aus welchem Material sind die Trennschienen?

Teppichböden: *Beispiel 1: Strapazierfähiger Textil-Fußboden in verschiedenen Farben nach Wahl und Bemusterung. Fußleisten als Teppich-Sockelleisten.*

Beispiel 2: Die Teppichböden werden nicht bauseitig vom Bauträger, sondern vom jeweiligen Erwerber in Eigenleistung erbracht. Zur Eigenleistung gehört auch die Vorbehandlung der Flächen (z.B. Estrich beiarbeiten etc.)

Nichtssagende Formulierungen wie „strapazierfähig" müssen durch eine genaue Beschreibung ersetzt werden. Entweder wird bei Vertragsabschluss der Hersteller und die Serie festgelegt, oder nach Möglichkeit wie bei den Fliesen ein Preis vereinbart, den der Bauträger beisteuert, während sie das Material frei aussuchen können.

Wenn zur Eigenleistung das „Beiarbeiten" des Estrichs gehört, ist Vorsicht geboten. Der Estrichleger muss seine Arbeiten so ausführen, dass kein Beiarbeiten notwendig wird. Ansonsten handelt es sich um eine mangelhafte Ausführung. Die Vorbehandlung der Flächen wie Grundierung gehört jedoch zu den Leistungen des Teppichlegers.

Checkliste Teppich:

- Wie hoch ist der Materialpreis?
- Muss der Teppich in einem bestimmten Geschäft ausgesucht werden?
- Wenn Sie den Teppich nicht selbst aussuchen können, sind Hersteller, Typ, Material, Farbe und Kleber genau zu beschreiben.
- Aus welchem Material sind die Wandabschlussleisten (Teppich, Holz, Kunststoff)?

Malerarbeiten: *Beispiel 1: Sämtliche Malerarbeiten einschließlich Endanstrich der Treppen und Geländer gehören nicht zum Leistungsumfang des Bauträgers und sind in Eigenleistung der Erwerber nach Hausübergabe zu erbringen.*

Beispiel 2: Erbringung aller Malerarbeiten, Tapete Raufaser weiß gestrichen einschließlich Untergrundbehandlung und Vorarbeiten (einschl. Treppen), ausgenommen Wände und Decken im Keller.

Ist die Ausführung sämtlicher Malerarbeiten in Eigenleistung vorgesehen, kommt einiges auf Sie zu. Gerade das Streichen von Holztreppen und Geländern macht viel Arbeit, zu klären ist auch, ob die Untersicht der Dachüberstände ebenfalls selbst gestrichen werden muss. Hier ist zusätzlich ein Gerüst notwendig. Grenzen Sie den Umfang ein, indem Sie die Eigenleistung genauer festlegen (z.B. Streichen und Tapezieren aller Wand- und Deckenflächen im Innenbereich in Eigenleistung).

Wird diese Leistung vom Bauträger erbracht, sollte beispielsweise die Struktur der Tapete festgelegt werden. Raufaser gibt es von fein bis grob strukturiert. Außerdem sollte die Qualität der Wandfarbe festgelegt werden, beispielsweise ein bestimmtes Produkt, das z.B. von der Stiftung Warentest als gut empfohlen wurde.

Checkliste Maler:

- Können Wand- und Deckenfarben raumweise ausgesucht werden?
- Können die Tapeten raumweise frei gewählt werden?
- Kann der Hersteller ausgesucht werden (Ökofarbe)?
- Mehrpreis für Abtönung statt weiß?

Hauseingang:

Beispiel: Hauseingangstüre aus tropischen Plantagenholz (Dark-Red-Meranti o.Ä.), außen dunkel – auf Wunsch innen weiß lackiert mit Glasausschnitt (Isolierverglasung), Einsteckschloss mit Profilzylinder, Briefeinwurfschlitz mit federbetätigter Klappe (innen und außen).

Die Hauseingangstüre und der Vorbereich sind gewissermaßen die Visitenkarte des Hauses. Achten Sie darauf, was Ihnen hier geboten wird. Klären Sie, ob eine Außenbeleuchtung, ein Briefkasten und eine Hausnummer zum Leistungsumfang gehören. Ein Briefeinwurfschlitz ist kein Briefkasten!
Überlegen Sie auch hier kritisch, ob Sie wirklich Tropenholz einsetzen wollen (vor allem unter ökologischen Gesichtspunkten), auch wenn es so genanntes Plantagenholz ist. Die wirkliche Herkunftsüberprüfung ist oft schwierig.

Checkliste Hauseingang:

- Hat die Haustüre eine Mehrfachverriegelung?
- Welche Qualität hat der Schließzylinder?
- Sind die Griffe außen und innen im Preis enthalten?
- Sind Briefkasten, Hausnummer, Beleuchtung im Preis enthalten? Wenn ja, Produkte festlegen.
- Ist ein Eingangspodest im Preis enthalten? Wenn ja, Material und Größe festlegen.
- Ist ein Vordach im Preis enthalten? Wenn ja, Material, Größe und Gestaltung festlegen.
- Gibt es eine Mustertüre, die besichtigt werden kann?
- k-Wert der Türe?
- Größe der Türe?
- Bei Glasausschnitt: Größe, Glasart festlegen.

Terrasse: *Beispiel: Betonwerksteinplatten im Mörtelbett auf Terrassenplatte.*

Achten Sie hier auf eine ausreichende Größe der Terrasse. Damit 4 bis 6 Personen bequem um einen Tisch sitzen können, benötigen Sie ungefähr eine Fläche von 16 bis 20 m^2. Die genaue Größe sollte Vertragsbestandteil sein.
Es lohnt sich auch hier, vor Vertragsabschluss den Belag festzulegen oder analog zu den Fliesen und Oberböden einen Preis festzulegen. Außerdem ist zu klären, wie der Unterbau hergestellt wird, ob der Belag beispielsweise in einem Sandbett verlegt wird oder eine Betonplatte vorher gegossen wird. Das ist wichtig, wenn Sie später einmal die Terrasse vergrößern wollen und unterschiedliche Setzungen vermeiden möchten.

Außenanlage: *Beispiel: Hauszugänge in Betonpflaster, Gartenflächen mit Mutterboden abgedeckt.*

Die Bepflanzung der Außenflächen ist fast nie im Leistungsumfang enthalten. Zur Außenanlage gehört neben Hauszugängen und der Terrasse (wenn nicht separat beschrieben) auch das Pflastern der Garagenzufahrt, die Einfriedung um das Grundstück mit Hecke oder Zaun, ein befestigter Standort für den Müllcontainer, Elektroleitungen für die Außenbeleuchtung im Garten und am Zugang, Wasseranschluss für den Garten, bei Doppelhäusern eventuell eine Sichtschutzwand zwischen den Terrassen. Sollte kein Keller vorgesehen sein, ist zu klären, ob eventuell ein Kellerersatzraum im Garten mit im Preis enthalten ist.

Wenn eine Garage nicht als eigener Punkt beschrieben wird, taucht sie oft bei der Außenanlage auf. Meistens ist eine Fertiggarage im Angebot. Achten Sie darauf, dass die äußere Gestaltung der Garage zum Haus passt. Beispielsweise wirkt eine weiß gestrichene Fertiggarage neben einem rot geklinkerten Haus wie ein Fremdkörper. Auch hier sollte vor Vertragsabschluss der Hersteller, der Garagentyp und die Ausstattung festgelegt werden.

Checkliste Garage:

- Größe, Gestaltung passend zum Haus?
- Garage mit Fenster (Größe des Fensters)?
- Gibt es auf der Rückseite eine zusätzliche Türe?
- Wie groß ist das Garagentor?
- Welche Gründung erhält die Garage?
- Elektrischer Torantrieb im Preis enthalten?
- Wie wird die Garage entwässert?

4.1.3 Vergleichen von Baubeschreibungen

Baubeschreibungen miteinander zu vergleichen ist nicht einfach. Nicht nur der Aufbau und die Ausstattung der Häuser sind verschieden, auch die Baubeschreibungen der einzelnen Anbieter unterscheiden sich stark in Umfang und Inhalt, weil es keine Regelungen für einen einheitlichen Aufbau gibt.

Es kann für Sie eine große Hilfe sein, wenn Sie sich verschiedene Objektbeschreibungen zukommen lassen, auch für Häuser, deren Lage für Sie nicht interessant ist.

Lästiges Blättern in den Baubeschreibungen vermeiden Sie, wenn Sie die einzelnen Positionen einfach ausschneiden und nebeneinander auf ein Blatt kleben, sodass Sie auf einen Blick beispielsweise alle Varianten für den Hauseingang oder die Putzarbeiten sehen. So erkennen Sie evtl., wenn bei Ihrem Favoriten etwas fehlt oder ungenau beschrieben ist.

Erstellen Sie dann mit Hilfe von Kapitel 4.1.2 eine Checkliste mit allen unklaren Punkten für die Besprechung mit dem Bauträger. Sie werden am Verlauf dieses Gespräches erkennen können, ob er bereit ist, offen über sein Angebot zu sprechen.

Vor Vertragsabschluss ist es wichtig, dass Sie die in der Baubeschreibung aufgeführten Ausstattungsgegenstände wie Türen, Fenster, Sanitärobjekte, Fliesen, Außenputz usw. besichtigen und aussuchen. Nur vor Vertragsabschluss haben Sie die Möglichkeit, Rabatte auszuhandeln oder können bei erheblichen Mehrkosten noch von einem Vertrag Abstand nehmen. Weiterhin wichtig ist auch, dass Sie Ihre bei der Bemusterung geäußerten Wünsche schriftlich festhalten, gegenzeichnen lassen und zum Vertragsbestandteil des Kaufvertrages machen.

Nehmen Sie sich für die Bemusterung Zeit und scheuen Sie sich auch nicht davor, nach anderen als den angebotenen Ausstattungsvarianten und deren Kosten zu fragen.

4.2 Die Berechnung der Wohnfläche

Eine exakte Wohnflächenberechnung legt bei weitem nicht jeder Bauträger vor. Vielfach sind Wohnflächenberechnungen nicht korrekt und nicht nachvollziehbar. Oft finden Sie nur eine Aufstellung der Räume mit m^2-Angaben, manchmal auch eine Berechnung, aber fast nie erhalten Sie vermaßte Pläne, anhand derer Sie die Berechnung nachvollziehen können.

Der Bezug auf die „Berechnung nach DIN 277" oder „Wohnflächenberechnung nach der zweiten Berechnungsverordnung (II.BV)" fehlt mitunter gänzlich. Außerdem werden nicht selten die Berechnungsansätze der Normen falsch ausgelegt oder zwischen den beiden Verordnungen vermischt. Dadurch ergeben sich dann Gesamtflächen, die höher sind als bei einer korrekten Berechnung der Wohnfläche. Da die Wohnfläche häufig zur Ermittlung des Gesamtpreises herangezogen wird, entsteht ein falsches Bild des Preis/Leistungsangebotes.

4.2.1 Berechnung nach der zweiten Berechnungsverordnung

Die zweite Berechnungsverordnung (II.BV) ist eine Verordnung über wohnungswirtschaftliche Berechnungen. Im Teil 4 erläutern die §§ 42 bis 44, wie die Wohnfläche zu berechnen ist. Es lohnt sich, einen Kommentar der II.BV im Buchhandel zu erwerben, da sie leicht verständlich ist und Ihnen ausführlich darlegt, wie eine Wohnflächenberechnung korrekt erstellt wird.

Einfach gesagt besteht die Wohnfläche aus der Grundfläche aller Räume, die zu Wohnzwecken genutzt werden und als Wohnraum zulässig sind. Speziell Hobbyräume werden häufig in die Wohnflächenberechnung mit einbezogen, obwohl sie vielleicht in diesem bestimmten Fall nach baurechtlichen Gesichtspunkten nicht als Wohnfläche gelten. Lassen Sie sich in einem solchen Fall bestätigen, dass der Hobbyraum im Keller wirklich als Wohnfläche zulässig ist und fragen Sie gegebenenfalls sogar bei der Genehmigungsbehörde nach.

Werden die Rohbaumaße zur Berechnung herangezogen (z.B. Baugesuchpläne), dann sind die errechneten Grundflächen um 3 % zu kürzen, da Wandputz, der später aufgetragen wird, die Grundflächen geringfügig verkleinert. Ansonsten gelten die lichten Fertigmaße von Wand zu Wand.

Abzuziehen sind außerdem Pfeiler, Kamine, Säulen und Mauervorlagen, deren Grundflächen größer als 0,1 m^2 sind, außerdem Treppen über 3 Steigungen.

Hinzuzufügen sind Wandnischen, die tiefer als 13 cm sind, Erker und Wandschränke über 0,5 m^2 sowie Bereiche unter Treppen, die höher als 2 m sind.

Die anrechenbare Grundfläche ist abhängig von der lichten Raumhöhe. Über 2 m Raumhöhe wird die Grundfläche voll gerechnet, zwischen 1 m und 2 m sowie bei Wintergärten und Schwimmbädern zur Hälfte. Nicht gerechnet wird die Grundfläche bei einer lichten Höhe unter 1 m.

Balkone, Loggien, Dachgärten oder überdachte Freisitze werden bis zur Hälfte angerechnet. Bis zur Hälfte heißt, dass es auch weniger sein kann, z.B. ein Viertel der Grundfläche.

4.2.2 Berechnung nach DIN 277

Die in der DIN 277 festgelegten Berechnungsweisen sind in erster Linie dazu gedacht, für Kostenkalkulationen einheitliche und vor allem vergleichbare Grundlagen zu schaffen. Entsprechend wird in der DIN 277 auch nicht von Wohnflächen gesprochen, sondern von Nutzflächen, Verkehrsflächen, Konstruktionsflächen usw. Eine Berechnung der „Wohnfläche nach DIN 277“ ist demnach gar nicht möglich, weil dieser Begriff schon in der DIN selbst gar nicht auftaucht.

Nach der DIN 277 geht man von der Brutto-Grundfläche (BGF) aus, die über die Außenmaße des Gebäudes bestimmt wird. Davon wird die Konstruktionsfläche abgezogen, die alle Wände, Stützen usw. beinhaltet. Übrig bleibt die Netto-Grundfläche (NGF).

Die Netto-Grundfläche unterteilt sich wiederum in Nutzfläche (NF), Funktionsfläche (FF) und Verkehrsfläche (VF). Die Nutzfläche unterteilt sich nochmals in Hauptnutzfläche und Nebennutzfläche.

Mit der Wohnfläche nach der zweiten Berechnungsverordnung vergleichbar sind die Flächen von Hauptnutzfläche, Nebennutzfläche und Verkehrsfläche.

Es erfolgt in der DIN 277 eine getrennte Ermittlung von Flächen bis 1,5 m lichte Höhe und Flächen über 1,5 m lichte Höhe.

Im Ergebnis kann bei einer Berechnung nach DIN 277 also nur eine Aufstellung von Hauptnutzflächen, Nebennutzflächen und Verkehrsflächen herauskommen, wobei zusätzlich Kellerräume als Funktionsfläche ausgewiesen werden müssen. Da die Wohnfläche nach der zweiten Berechnungsverordnung viel genauer beschrieben ist und zudem von der Wohnfläche abzuziehende sowie zur Wohnfläche hinzukommende Flächen eindeutig bezeichnet werden, sollten Sie auf einer prüffähigen Wohnflächenberechnung nach der zweiten Berechnungsverordnung bestehen.

4.3 Der Gebäudeentwurf

4.3.1 Grundrisse richtig lesen

Beim Durchblättern verschiedener Exposés werden Sie feststellen, dass sich die meisten Bauträger viel Mühe geben, das Objekt, das sie verkaufen möchten, ansprechend zu präsentieren. Farbige Planunterlagen sind fast schon Standard und in vielen Plänen ist die Möblierung eingezeichnet, damit sich der Interessent ein Bild von der Nutzung des Raumes machen kann. Neben den Ansichtszeichnungen finden sich auch immer häufiger dreidimensionale Bilder, die zeigen, wie das Haus später einmal aussehen soll. Diese schönen Bilder können Ihnen natürlich helfen, sich einen ersten Eindruck vom Haus zu machen, aber lassen Sie sich hierdurch nicht ablenken. Mit schönen Zeichnungen lässt sich nämlich manches auch ganz gut verschleiern.

So haben viele Zeichnungen beispielsweise kaum Maßangaben, und manchmal sind sie nicht einmal maßstäblich (im Maßstab 1:100 entspricht 1 cm 1 m), sodass beispielsweise keine Möglichkeit besteht, die Angaben in der Wohnflächenberechnung zu überprüfen. Es lohnt sich auf jeden Fall, die Einrichtungsgegenstände nachzumessen. So mancher Kleiderschrank ist nur 50 cm tief gezeichnet und manches

Doppelbett ist nur 1,80 m x 1,80 m groß, damit es in den Plan passt. Haben Sie Interesse an einem solchen Objekt, müssen Sie sich vor der Kaufentscheidung unbedingt vermaßte und maßstäbliche Zeichnungen geben lassen.

Im Dachgeschoss fehlt häufig die Eintragung der 2 m-Linie. Diese gestrichelte Linie zeigt Ihnen bei Dachschrägen, ab welchem Bereich der Raum höher bzw. nideriger als 2 m ist. Achten Sie im Dachgeschoss darauf, welche Möbel in diesem Bereich eingezeichnet sind. Es kann sein, dass Sie so manche Schlafzimmerschrankwand dort eingezeichnet finden, obwohl die Raumhöhe nicht ausreichend ist. Auch die 1m-Linie sollte eingetragen sein, denn alle Flächen, die niedriger sind, werden bei der Wohnflächenberechnung nicht mehr berücksichtigt.

Wenn Pläne nicht möbliert sind, kann dies ein Hinweis darauf sein, wie schlecht ein solcher Raum genutzt werden kann. Sofern die Pläne maßstäblich sind, können Sie hier selbst Möbel einzeichnen oder die Räume nach Ihren Vorstellungen vom Anbieter möblieren lassen. Diese Zeichnungen sollten dann unbedingt vermaßt sein.

Es ist wichtig, dass Sie auch die Raumzuordnungen untereinander kritisch betrachten. Liegen z.B. Küche und Esszimmer in sinnvoller Zuordnung zueinander? Liegt der Wohnzimmerbereich in sinnvoller Zuordnung zu Garten und Terrasse? Hat die Gästetoilette einen sinnvollen Platz z.B. neben der Garderobe? Ist sie über ein Fenster natürlich belichtet und beleuchtet? Liegen Kinderzimmer so, dass auch späte Unterhaltungen oder spätes Fernsehen im Wohnzimmer nicht zu Störungen in den Kinderzimmern führen? Gibt es evtl. ein eigenes Kinderbad und evtl. einen abgeschlossenen Bereich für die Kinder? Liegen Schlafzimmer in Badnähe? Wie ist die Belichtung der Räume, wo liegen die Fenster? Wie groß sind sie? Wie werden die Zimmer betreten und erschlossen? (Wo sind z.B. Türen angeordnet, welche Aufschlagrichtung haben sie etc.?).

Bei Treppen kommt es oft vor, dass aus Platzgründen darauf verzichtet wird, ein abgeschlossenes Treppenhaus zu schaffen und die Treppe vom Keller bis zum Dachgeschoss in den Wohnzimmer- oder Essbereich einbezogen ist, vielfach bei Reihenhäusern. Dies hat mehrere Nachteile, derer Sie sich bewusst sein müssen. Z.B. die Schallübertragung vom Wohnzimmer in die Schlafräume im Dachgeschoss. Außerdem verteilen sich Gerüche aus dem Essbereich oder Wohnzimmer (wenn z.B. bei einer Feier geraucht wird) im ganzen Haus. Außerdem klagen viele Nutzer über Zugerscheinung und fühlen sich in diesem Bereich des Hauses nicht wohl.

Gespart wird oft auch an der Größe des Eingangsbereiches. Es gibt keinen Platz für einen ausreichend großen Kleiderschrank, sondern nur für Garderobenhaken an der Wand. Die Schuhe müssen in den Keller, oder werden übereinander gestapelt.

Ein weiterer häufiger Schwachpunkt von Grundrissen ist eine sehr kleine Küche, in die höchstens noch ein Mini-Esstisch passt, an dem maximal zwei Personen sitzen können.

Achten Sie auch auf die Himmelsrichtung. Wohnzimmer und Terrasse sollten nach Süden oder Westen orientiert sein, der Eingangsbereich eher nach Norden oder Osten. Besichtigen Sie hierzu auch das Grundstück vor Ort und nehmen Sie sich einen Kompass mit, wenn Sie die Himmelsrichtungen vor Ort nicht einschätzen können, weil zum Beispiel der Himmel wolkenverhangen ist. Auf den Plänen muss entweder ein Nordpfeil zu Orientierung eingezeichnet sein, oder zumindest die Straße oder ein anderer Bezugspunkt. Nicht immer stimmt die im Plan eingetragene Himmelsrichtung mit der Wirklichkeit überein.

4.3.2 Ihre persönliche Bedarfsermittlung

Letztlich entscheidend ist jedoch Ihr persönlicher Bedarf. Den sollten Sie genau kennen, bevor Sie auf Haussuche gehen. Anhaltspunkt hierfür ist zunächst immer Ihre gegenwärtige Wohnsituation, aus der heraus Sie sich ja verändern wollen. Prüfen Sie diese eingehend und halten Sie fest, was Ihnen dort fehlt oder was Sie gerne anders hätten. Listen Sie konsequent alle Räume auf, die Sie für unentbehrlich halten und gehen Sie dabei z.B. einfach geschossweise vor. Die nachfolgende Raumcheckliste kann Ihnen hierbei behilflich sein. Bei der Ermittlung der benötigten Quadratmeterzahl der Räume sollten Sie sich nicht scheuen, mit dem Zollstock Ihre gegenwärtige Wohnung auszumessen und abzugleichen, ob diese Raumgrößen für Sie ausreichend sind.

Checkliste für die Bedarfsermittlung			
Raum:	**Größe**	**Lage**	**Orientierung**
Vorratsraum	z.B. 12m²	z.B. Keller	z.B. Nord
Hobbyraum			
Werkkeller			
Fahrradkeller			
Heizungszentrale			
Archiv			
Sauna / Fitness			
Windfang			
Diele / Garderobe / Abstellraum			
Gäste WC			
Küche			
Hauswirtschaft			
Esszimmer			
Wohnzimmer			
Arbeitszimmer			
Gästezimmer			
Elternbad			
Kinderbad			
WC			
Duschbad			
Schlafzimmer			
Ankleide			
Kinderzimmer 1			
Kinderzimmer 2			
Kinderzimmer 3			
Kinderzimmer 4			
Spielzimmer			
Studio / Lesen			

Gesamtfläche	

4.3.3 Die Ausführungsplanung als Grundlage für die Handwerker

Als Erwerber eines Bauträgerobjektes können Sie erwarten, dass vor Erstellung des Gebäudes eine fachgerechte, mangelfreie Ausführungsplanung vorliegt, die den ausführenden Firmen eine Übersicht über die anstehenden Arbeiten gibt.

Folgende Pläne gehören zu einer vollständigen Werkplanung:
- Alle Grundrisse (Keller, Erdgeschoss, Obergeschoss, Dachgeschoss, Spitzboden) im Maßstab 1:50
- Längsschnitt durch das Gebäude im Maßstab 1:50
- Querschnitt durch das Gebäude im Maßstab 1:50 (in einem der Schnitte sollte das Treppenhaus sichtbar sein)
- Alle Ansichtsflächen des Gebäudes im Maßstab 1:50
- Dachaufsicht des Gebäudes im Maßstab 1:50
- Das Treppenhaus sollte zusätzlich in einem größeren Maßstab dargestellt werden, zum Beispiel M 1:20
- Diverse Detailpläne

Sprechen Sie Ihren Bauträger vor Vertragsabschluss auf dieses Thema an und lassen Sie sich die vollständige Werkplanung eines vergleichbaren Objektes aus der letzten Zeit vorlegen.

Neben den reinen Architekten-Werkplänen gibt es auch noch die Planungen der Fachingenieure für Statik, Heizung, Sanitär, Elektro und beim Einbau einer Lüftungsanlage auch für die Lüftung. Lassen Sie sich auch die diesbezüglichen Planunterlagen grundsätzlich schon vor Beginn der Bauausführung komplett aushändigen. Verpflichten Sie den Bauträger dazu, Ihnen jeweils den aktuellsten Planstand automatisch zukommen zu lassen.

Nachfolgend finden Sie stichwortartig eine Übersicht über diejenigen Eintragungen in den Ausführungsplänen, die keinesfalls fehlen dürfen. Sie sind sortiert nach den jeweiligen Plantypen.

Grundrisspläne:

- Plankopf mit allen Angaben zu Verfasser/Planer, Bauherr, Lage und Ort, Maßstab, Änderungsvermerken mit Datum und Namenszeichen sowie laufender Plannummerierung und klarer Planangabe (z.B. Grundriss EG)
- Nordpfeil deutlich und klar, in der Form, dass die obere Plankante grundsätzlich nach Norden zeigt (wenn man den Plan zur Hand nimmt ist oben Norden, unten Süden, links Westen und rechts Osten)
- Im Erdgeschossgrundriss die Erschließung (Außentreppen, Terrassen, Gartenwege, Zufahrten etc.)
- Gesamtmaße über die volle Hausbreite und Tiefe sämtliche Teilmaße (z.B. von Hauskante zu Fenster, von Fenster zu Fenster etc.)
- Alle Öffnungsmaße in Höhe und Breite des Rohbaumaßes (Türen, Fenster etc.)
- Alle Wandstärken mit Materialsymbolik
- Alle Vor- und Rücksprungmaße
- So weit vorhanden alle Achsmaße und Dehnungsfugen
- Öffnungsviertelkreise mit Öffnungsrichtung sämtlicher Türen bzw. Fenstertüren
- Treppenlauf mit ordnungsgemäßer Grundrisskonstruktion der Treppe bei Wendelungen sowie Steigungsangaben, Stufenzahl und Gehlinie
- In gestrichelter Linie alle auskragenden Bauteile oberer oder unterer Geschosse (Balkone, Dach etc.)
- Lage von Stürzen, Kanälen, Unterzügen, Durchlässen als gestrichelte Linie mit Bezug auf die lichten Raumhöhen etc.
- Lage von Rollläden und Gurtbändern
- Alle Raumgrößen in Quadratmeter mit Bezeichnung
- Oberkante Rohfußboden und Oberkante Fertigfußboden in allen Räumen
- Lage und Art von Bodeneinläufen
- Wo nötig Verlegepläne für Boden- und Wandfliesen
- In den Bädern: Lage, Form und Art sämtlicher sanitärer Einrichtungsgegenstände
- In Dachgeschossgrundrissen: Kniestocklinie (Stoßlinie von aufgehender Wand und Dachschräge), Dachspitzbodenlinie (Stoßlinie von aufgehender Dachschräge mit Zimmerdecke Dachgeschoss), Dachgaubenlinien, Lage und Anordnung von Bodeneinschubtreppen, 2 m Linie und 1 m Linie gestrichelt

- Lage und Durchmesser der Kaminzüge und/oder Lüftungskanäle etc. inkl. Reinigungs- bzw. Austrittsöffnungen
- Lage von Kellerlichtschächten
- Fundamentlage
- Bei Heiztechnikräumen: Stellung, Lage, Installation und Anschlüsse der Heizzentrale, sowie evtl. benötigter Tanklager- bzw. Gaszuführungen etc.
- Angaben über Be- und Entlüftung im Heizraum
- Ausbildung des Hausanschlussraumes
- Evtl. Revisionsschacht
- Hinweis auf jeweils zugeordnete Detailpläne (z.B. durch Einkreisung eines Details mit zugeordneter Plannummer, wo dieses im größeren Maßstab zu finden ist) sowie Pläne der Fachingenieure, wie Elektro-, Sanitär- und Heizungsplanung (wichtig z.B. für Lage und Anzahl Ihrer Steckdosen und Lichtschalter bzw. Heizkörper oder aber auch sämtlicher Wasser- und Abwasseranschlüsse etc.)
- Bezeichnung und Lage von Schnittlinien, die aussagen, wo der Vertikalschnitt des Schnittplans durchs Haus gelegt wurde

Schnittpläne:

- Plankopf mit allen Angaben zu Verfasser/Planer, Bauherr, Lage und Ort, Maßstab, Änderungsvermerken mit Datum und Namenszeichen sowie laufender Plannummerierung und klarer Planangabe (z.B. Schnitt A-A)
- Höhenlage des Gebäudes über NN bezogen auf die Oberkante des Fertigfußbodens des Erdgeschosses
- Bezeichnung der Geschosse
- Alle Höhenmaße über die komplette Haushöhe inkl. lichte Raummaße etc.
- Alle lichten Raummaße (Rohbaumaße)
  Durchgangshöhen von Türen, Fenstertüren oder Treppenunterläufen
- Alle Deckenstärken mit Maßangaben des gesamten Bodenaufbaus (Rohdecke, Trittschalldämmung, Estrich, Bodenbelag etc.)
- Brüstungs- und Sturzhöhen inkl. ihrer konstruktiven Ausbildung Stärken, Aufbau und konstruktive Ausbildung von Wänden
- Lage und Ausbildung von Ringankern
- Wo notwendig Wandabwicklungen (z.B. bei Fliesenverlegung)
- Lage, Anordnung, konstruktive Ausbildung und Höhenverlauf von Treppen, inkl. sämtlicher Zwischenpodeste mit Art und Aus-

bildung aller Anschlusspunkte der Treppe an bestehende Bauteile, wie evtl. Wände oder Geschosszwischendecken
- Anschlüsse von Lichtschächten, Außentreppen, Terrassen, Balkonen etc.
- Verankerungen, Verlauf und Maße der Dachbinder sowie des Dachtragwerks
- Aufbau, Montagepunkte und Ausbildung des gesamten Dachhautaufbaus inklusive Lattenlage und Ziegeleindeckung, sowie Traufanschlusspunkt mit Ausladung und Ausbildung des Sparrenfußes, Montage der Dachrinne sowie Firstanschluss mit Firstlinie
- Konstruktive Ausbildung von Gauben oder Dachausstiegen inkl. sämtlicher Anschlusspunkte an die Dachhaut
- Hinweis auf jeweils zugeordnete Detailpläne (z.B. durch Einkreisung eines Details mit zugeordneter Plannummer, wo dieses im größeren Maßstab zu finden ist) sowie Pläne der Fachingenieure, wie Elektro-, Sanitär- und Heizungsplanung (wichtig z.B. für Lage und Anzahl Ihrer Steckdosen und Lichtschalter bzw. Heizkörper oder aber auch sämtlicher Wasser- und Abwasseran schlüsse etc.)
- Höhenlage und Anschlüsse der Hauszuleitungen für Gas, Wasser, Strom etc.
- Lage und Verlauf der Grundleitung
- Fundamentschnitte mit eindeutiger Darstellung und Bezeichnung der Materialien und Konstruktionsweisen der Fundamentierungen, der aufgehenden Kellerwände, der vorgesehenen Dichtungen für die Kellerwand (Sperrschichtenaufbau), der Lage und Stärke des Dränagerohrs, der Kiesverfüllung sowie des max. gemessenen Grundwasserstandes
- Lage und Ausbildung von waagerechten Sperrschichten (unterhalb der Grundplatte, in den aufgehenden Wänden)

Ansichtspläne:

- Plankopf mit allen Angaben zu Verfasser/Planer, Bauherr, Lage und Ort, Maßstab, Änderungsvermerken mit Datum und Namenszeichen sowie laufender Plannummerierung und klarer Planangabe (z.B. Ansicht Südwest)
- gestrichelt die Höhenlinien der Ober- und Unterkanten der einzelnen Geschossdecken
- Lage und Anordnung von Fenstern und Türen inkl. eingestrichelter Öffnungssystematik

- Lage und Anordnung von Rollläden, Jalousien, Markisen etc.
- Lage und Anordnungen von Außentreppen und Terrassen
- Lage und Anordnung von Regenfallrohren
- Trauf-, Kehl-, Grat- und Firstlinien
- Kniestocklinie gestrichelt
- Schornsteine, Gauben, Dachausstiege
- Gesimse, Balkone, Geländer
- Sockelverlauf
- besondere Fassadenbekleidungen wie z.B. Verputzungen, Verklinkerungen oder Holzverkleidungen
- Hinweis auf jeweils zugeordnete Detailpläne (z.B. durch Einkreisung eines Details mit zugeordneter Plannummer, wo dieses im größeren Maßstab zu finden ist)
- Gründungstiefe der Fundamente gestrichelt
- Erdreichverlauf
- Höhenlinie des Straßenverlaufs der Erschließungsstraße

4.3.4 Eine vollständige Werkplanung hilft bei der Mängelvermeidung

Neben den bereits genannten Werkplänen muss auch eine Detailplanung erfolgen, welche den ausführenden Firmen alle nötigen Angaben für spezielle Anschlusspunkte am Haus liefert.

Details auf der Baustelle während der Bauphase zu entscheiden, weil der Planer an diese Punkte nicht gedacht hat, sollte tunlichst vermieden werden. Erfahrungsgemäß ist diese Art von „Detaillösung“ lediglich der Versuch, ein Versäumnis irgendwie zu korrigieren.
Als Erwerber ist es nicht Ihre Aufgabe, das Haus zu planen, aber Sie können durch umsichtiges Handeln selbst dazu beitragen, dass solche Situationen nach Möglichkeit vermieden werden.

Damit Sie als Erwerber sicher sein können, dass vom Planer die wichtigsten Detailpunkte vor Ausführung berücksichtigt wurden, finden Sie nachfolgend eine Übersicht notwendiger Detailpläne und was in Ihnen dargestellt sein sollte. Vereinbaren Sie schriftlich die Ausarbeitung dieser Pläne. Sie haben dadurch die Möglichkeit, diese Punkte von einem Dritten fachlich prüfen zu lassen.

Mindestens folgende Details sollten im Maßstab 1:20 bis zum Maßstab 1:1 ausgearbeitet werden. Die Wahl des Maßstabes der Detailpläne hängt unter anderem von der Komplexität des Details ab.

Detail 1:	Dämmung Bodenplatte, aufsteigendes Mauerwerk
Detail 2:	Thermische Trennung der Innenwand von der Bodenplatte
Detail 3:	Thermische Trennung der untersten Treppenstufe
Detail 4:	Ausbildung von Kellertüren zwischen beheizten und ungeheizten Räumen im Keller
Detail 5:	Dämmung der Innenwand zwischen beheizten und ungeheizten Räumen im Keller
Detail 6:	Thermische Trennung des Eingangspodestes
Detail 7:	Fensteranschlüsse an das Mauerwerk
Detail 8:	Fensterbank
Detail 9:	Rollladenkästen
Detail 10:	Thermische Trennung von auskragenden Bauteilen
Detail 11:	Außenwandschnitt mit Dämmung der Geschossdeckenköpfe
Detail 12:	Übergang des senkrechten Drempels in die Dachschräge
Detail 13:	Ausführung der Dachluke bei ungedämmten Spitzboden
Detail 14:	Anschluss der Dachflächenfenster an das Dach
Detail 15:	Dachdurchdringungen wie Kamin oder Lüftungsrohre
Detail 16:	Dämmung des Giebelmauerwerks und Innenwänden

Die Grafik auf der nachfolgenden Seite zeigt die Lage der oben beschriebenen Details.

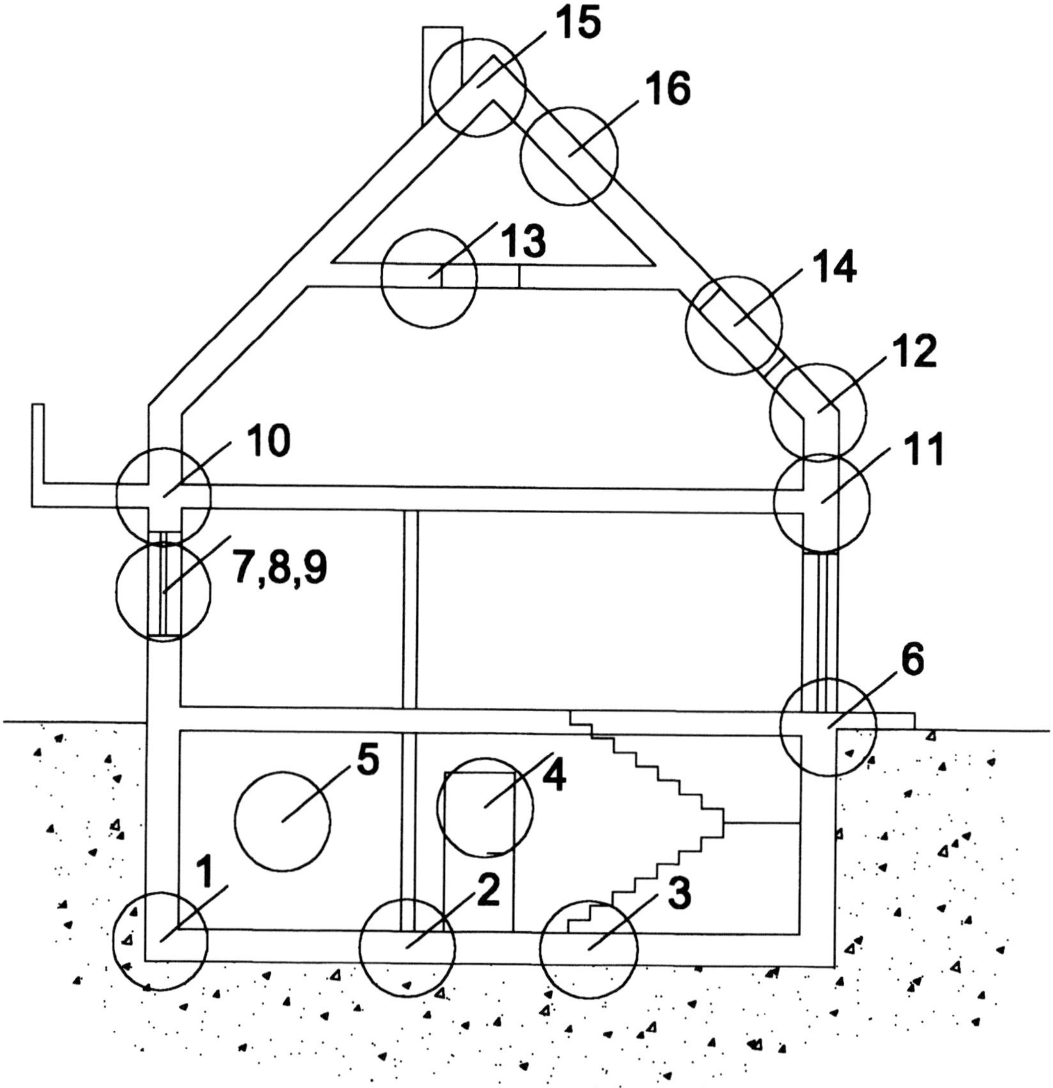
15
16
13
14
12
10
11
7,8,9
6
5
4
1
2
3

Dass Ihnen für ihre Bauakten sämtliche Pläne zur Verfügung gestellt werden, ist eine Selbstverständlichkeit, sollte aber sicherheitshalber schriftlich fixiert werden.

4.3.5 Vermeidung typischer Wärmebrücken

Beim Bauen mit dem Bauträger haben Sie kaum Einfluss auf die konstruktive Planung Ihres Hauses. Aus diesem Grunde sind im folgenden Abschnitt Regeldetails zusammengestellt, anhand derer Sie die Ausführungsplanung kontrollieren können.

Wenn Sie eine hochwertige Dämmung der Gebäudehülle vereinbart haben, z.B. die Herstellung des Hauses als Niedrigenergiehaus, dann bekommen Wärmebrücken und Undichtigkeiten eine viel größere Bedeutung, weil unter anderem ihr prozentualer Anteil an den Wärmeverlusten steigt.

Das nachfolgende Schema zeigt den wachsenden prozentualen Anteil von Wärmebrücken am Energieverlust des Hauses, wenn mittels Dämmung der Wärmeverlust durch die Außenwand sinkt.

Je besser das Haus gedämmt ist, desto größer wird der Anteil der Wärmebrücken an den Wärmeverlusten

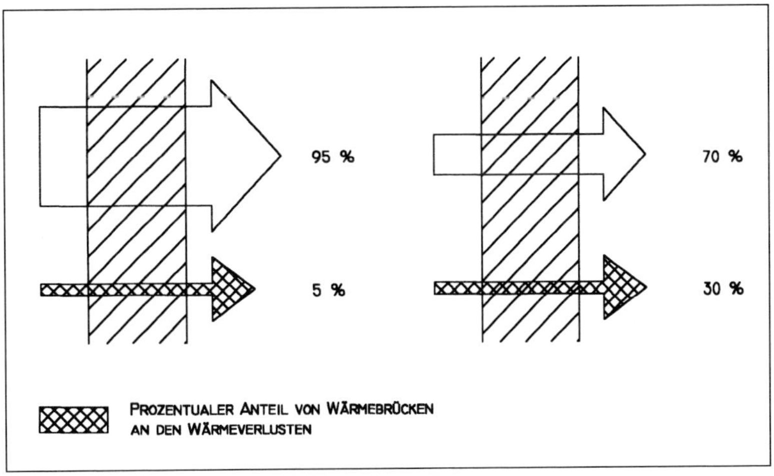

Wärmebrücken sind Bereiche in der Außenhülle des Gebäudes, durch die im Verhältnis zur übrigen Fläche sehr viel mehr Wärme nach außen entweicht.

Es gibt zunächst einmal geometrische Wärmebrücken wie Außenecken von Gebäuden, die im Verhältnis zur Innenwandfläche einen größeren Anteil an Außenwandfläche haben. Sie sind baupraktisch nicht zu vermeiden, wenn man Gebäude mit senkrechten und waagrechten Außenwandflächen errichtet.

Es gibt außerdem konstruktive Wärmebrücken, also Bereiche am Gebäude, die ohne zusätzliche Maßnahmen nicht so gut gedämmt werden können wie der Rest der Gebäudehülle. Beispiele hierfür sind Rollladenkästen oder der Anschluss der Fenster an die Außenwand.

Schließlich entstehen Wärmebrücken oft durch eine schlechte Ausführung, wenn beispielsweise der Maurer beim Verklinkern der Fassade in Teilbereichen die Dämmung zwischen Klinker und tragender Wand vergisst.

Sehen kann man Wärmebrücken oft nur mit Hilfe von Thermographieaufnahmen, die von außen oder innen in der kalten Jahreszeit gemacht werden. Die Farbveränderungen auf diesen Bildern zeigen den Temperaturverlauf an den Wand- und Deckenflächen. Bei bestimmten Witterungsverhältnissen werden Wärmebrücken jedoch auch für unser Auge sichtbar. Wenn zum Beispiel in den Morgenstunden Raureif auf ausgebauten und bewohnten Dächern liegt, sind Bereiche mit Wärmebrücken bereits aufgetaut, während auf den daneben liegenden Flächen noch Reif liegt.

Da ein hochwertig gedämmtes Haus viel weniger Energie als ein Haus in konventioneller Bauweise benötigt, wird der prozentuale Anteil des Wärmeverlustes durch Wärmebrücken und Undichtigkeiten, wie erwähnt, viel höher.

Die nachfolgende Übersicht zeigt die häufigsten Wärmebrücken und gibt Tipps für deren Vermeidung. Die dargestellten Beispiele besitzen schematischen Charakter und sind der konkreten Situation anzupassen.

Wärmebrücke 1:
Fußpunkt Innenwand im beheizten Kellerbereich

Werden Kellerräume zu Wohnzwecken genutzt, müssen die Außenwände, der Kellerboden und die Innenwände zu angrenzenden ungeheizten Kellerräumen gedämmt werden. In der Regel wird dabei vergessen, dass die Innenwände auf dem Rohboden stehen und somit eine Wärmebrücke zwischen den schwimmenden Estrichbereichen darstellen.

Lösung: Die unterste Steinreihe wird in einem Material mit besserem k-Wert bei gleicher Druckfestigkeit ausgeführt (z.B. Porenbeton).

Fußpunkt Innenwand

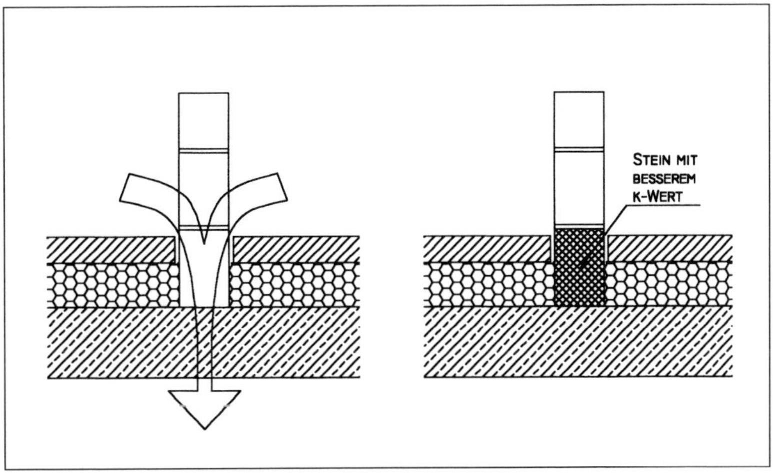

Wärmebrücke 2:
Auskragende Bauteile wie Podestplatten oder Balkone

Es passiert immer noch, dass die Podestplatte für das Eingangspodest oder die Balkonplatte direkt mit der Geschossdecke verbunden werden. Auch das ist eine ausgeprägte Wärmebrücke, die trotz zusätzlicher Maßnahmen wie einer nachträglichen, umlaufenden Dämmung wirksam bleibt.

Lösung: Das Podest wird mit speziellen Befestigungen wärmetechnisch von der Geschossdecke getrennt.

Auskragende Bauteile

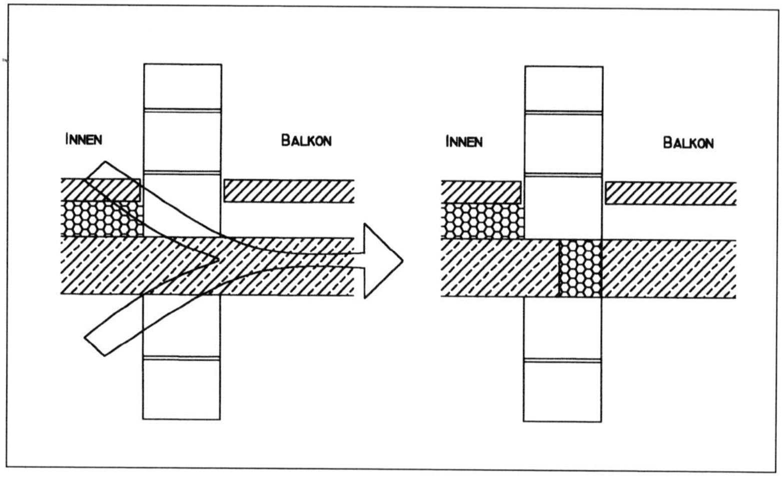

Wärmebrücke 3: Fehlende Dämmung über dem Giebelmauerwerk

Die Dämmung des Daches erfolgt zeitlich nach dem Eindecken der Ziegel oder Dachsteine. Dann ist aber in der Regel die Oberseite des Giebelmauerwerks nicht mehr zugänglich und bleibt ungedämmt. Manchmal wird der obere Abschluss des Giebelmauerwerks bis zur Oberkante der Sparren geführt, sodass dann sowieso nicht mehr gedämmt werden kann.

Lösung: Der Maurer lässt das Giebelmauerwerk ca. 15 cm niedriger als die Oberkante der Sparren. Der Dachdecker kann dann vor dem Verlegen der Unterspannbahn diesen Bereich ausreichend dämmen.

Längsschnitt durch den Dachfirst mit fehlender Dämmung über Giebelmauerwerk

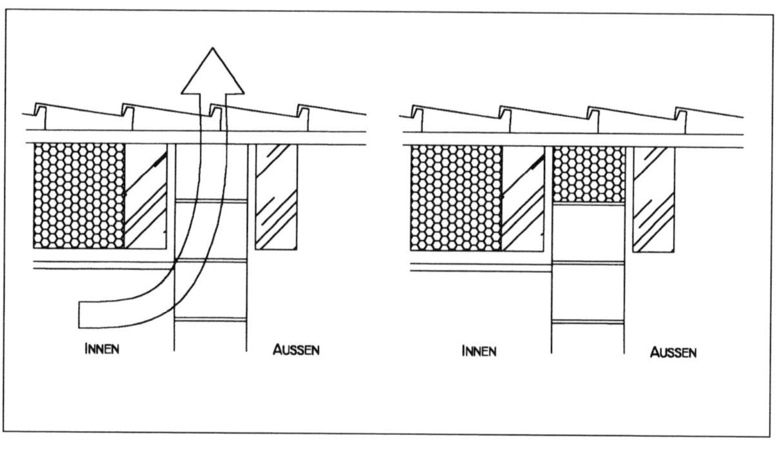

Wärmebrücke 4:
Abschluss von Innenwänden zum ungedämmten Spitzboden

Ähnlich wie beim Giebelmauerwerk entsteht eine Wärmebrücke, wenn Innenwände an der Oberseite nicht gedämmt sind und in den unbeheizten Spitzboden ragen.

Lösung: Der Maurer lässt das Mauerwerk ca. 15 cm niedriger als die Oberkante der Kehlbalken. Der Zimmermann kann dann vor dem Verlegen des Gehbelages im Spitzboden diesen Bereich ausreichend dämmen.

Abschluss von Innenwänden zum ungedämmten Spitzboden

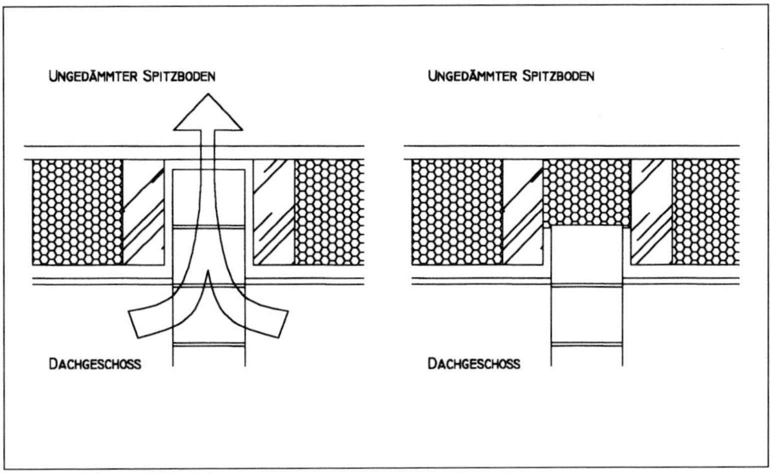

Wärmebrücke 5:
Anschluss von Fenstern und Fensterbänken

Im Bereich der Fensterlaibungen und Fensterbänke sind oft die Details so ausgeführt, dass Wärmebrücken entstehen.

Lösung: Zusätzliche Dämmung im Bereich der Fensterlaibungen und unter den Fensterbänken.

Anschluss von Fenstern und Fensterbänken

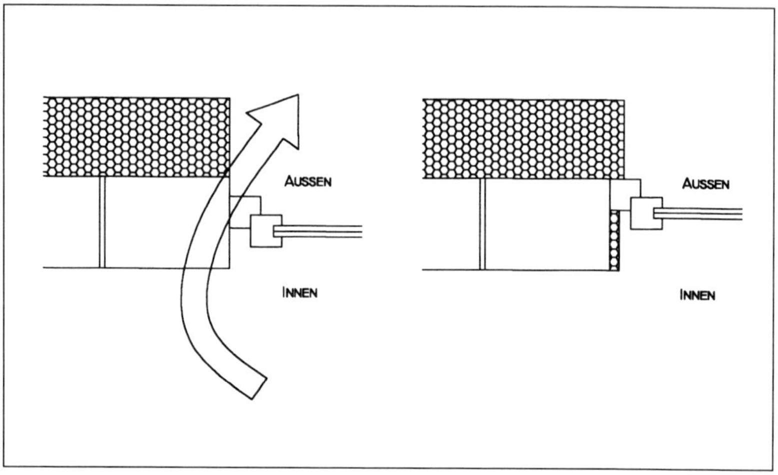

Wärmebrücke 6:
Kellertreppe steht auf dem Rohboden

Wird die Kellertreppe betoniert, steht sie in der Regel auf der Betondecke auf. Auch wenn später ein schwimmender Estrich als Bodenbelag aufgebracht wird, ist an dieser Stelle eine Wärmebrücke.

Lösung: Dämmung unter dem Auflager der Treppe anbringen.

Fußpunkt Kellertreppe

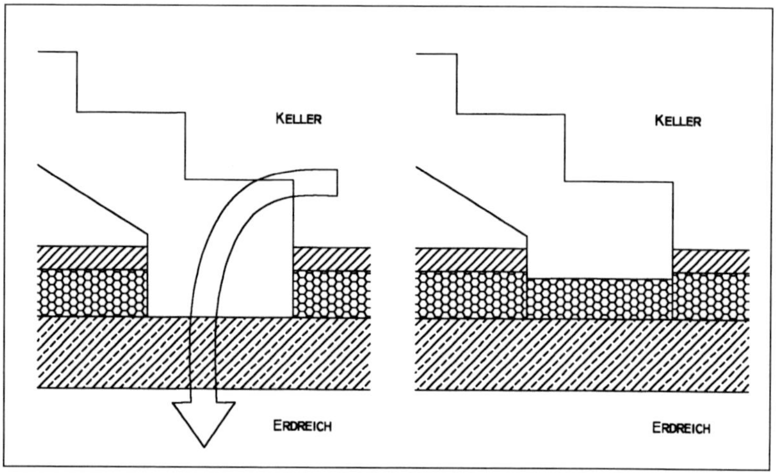

Wärmebrücke 7:
Wärmebrücke Außenwand zum ungedämmten Keller

Auch wenn die Fassade der Außenwand gedämmt wird und beim Fußbodenaufbau im Erdgeschoss ausreichend Dämmung unter dem Estrich liegt, besteht eine Wärmebrücke in den ungedämmten Keller über den Fußpunkt des Außenmauerwerks.

Lösung: Die unterste Steinreihe wird mit einem besseren k-Wert ausgeführt, so weit es die erforderliche Druckfestigkeit zulässt.

Fußpunkt Außenwand

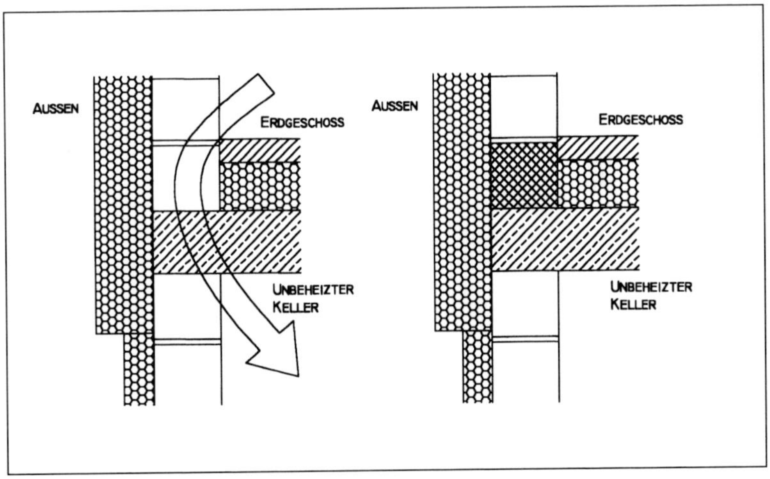

Die nachfolgende Checkliste hilft Ihnen bei Beurteilung und Vergleich von Entwürfen oder Bauträgerangeboten hinsichtlich Wärmedämmung und Wärmebrücken.

Checkliste Dämmung / Wärmebrücken: Fragen an den Planer / Anbieter

1.0	Wie dick ist die Dämmung der Außenbauteile?			
	1.1 Außenwand	____ cm		
	1.2 Dachfläche	____ cm		
	1.3 EG-Fußboden über unbeheizten Kellerräumen	____ cm		
	1.4 Beheizte Räume im Keller zum Erdreich	____ cm		
	1.5 Beheizte Kellerräume zu unbeheizten Räumen	____ cm		
2.0	Welchen k-Wert hat die Verglasung?	____		
			Ja	**Nein**
3.0	Wird die Oberseite des Giebelmauerwerks wärmegedämmt?		☐	☐
	3.1 Dämmmaterial: ____________________			
	3.2 Dämmstärke: ____ cm			
4.0	Sind Vordächer oder Balkone thermisch getrennt?		☐	☐
5.0	Dämmung der Rollläden			
	5.1 Haben die Rollladenkästen eine Innendämmung?		☐	☐
	5.2 Dämmmaterial: ____________________			
	5.3 Dämmstärke: ____ cm			
	5.4 Werden die Rollladen elektrisch betrieben?		☐	☐
6.0	Werden Wangen von Dachflächenfenstern gedämmt?		☐	☐
7.0	Wärmebedarfsberechnung			
	7.1 Liegt eine Wärmebedarfsberechnung vor?		☐	☐
	7.2 Kann sie eingesehen werden?		☐	☐
	7.3 Unterschreitet der Heizwärmebedarf die gesetzlichen Anforderungen?		☐	☐
	7.4 Wenn ja, um wie viel Prozent? ____ %			
8.0	Sind die Fensterlaibungen und Fensterbänke gedämmt?		☐	☐

4.3.6 Winddichte Ausführung

Durch Undichtigkeiten in der Gebäudehülle wie offene Bauteilfugen können erhebliche Mengen an warmer Innenluft in die Außenbauteile eindringen. Die Luft kühlt sich im Bauteil ab, und in der Folge kommt es zu Kondensatbildungen und Durchfeuchtung des Bauteils. Die Durchfeuchtung führt neben einem Bauschaden zum Versagen der Dämmschicht und erhöht den Wärmeverlust des Gebäudes. Um es anschaulich zu machen: Ein 1 mm breiter Riss in der Windabdichtung von 1 m Länge kann den k-Wert durch die entstehende Luftzirkulation in diesem Bereich auf 20 % der eigentlichen Wirksamkeit reduzieren. Außerdem kann je nach dem, um welchen Raum es sich handelt, innerhalb eines Tages bis zu 1 Liter Wasser aus der Raumluft in die Dämmschicht kondensieren. Dies führt in kurzer Zeit zur Durchfeuchtung der Dämmschicht.

Daher sind sorgfältige Planung und Ausführung der Gebäudeanschlüsse besonders wichtig, denn nur eine luftdichte Bauweise vermeidet Feuchteschäden. Im übrigen ist die winddichte Ausführung Stand der Technik seit Einführung der Wärmeschutzverordnung '95 und unaufgeforderte Pflicht für den ausführenden Unternehmer.

Speziell bei Holzbauweisen und im Dachgeschoss von Massivbauten ergeben sich konstruktionsbedingt sehr viele Bauteilfugen, die mit Gipskartonplatten, Holzwerkstoffplatten, Folien und Klebeband abgedichtet werden müssen.

So genannter „Bauschaum“ wird auf der Baustelle oft als Notlösung für alle möglichen Abdichtungs- und Befestigungsprobleme eingesetzt. Dabei werden im „Bauschaum“ Eigenschaften vermutet, die das Material nicht besitzt. Es ist nahezu unmöglich, eine Fuge nur mit Bauschaum winddicht zu bekommen, auch wenn es auf den ersten Blick so aussieht. Bei Fensteranschlüssen an die Außenwand sollte deshalb grundsätzlich von außen ein Dichtungsband mit eingebaut werden. Auch an der Innenseite des Fensteranschlusses sollten zusätzliche Maßnahmen zur Winddichtheit getroffen werden.

Anbieter von Dachfenstern haben mittlerweile Schürzen im Zubehör, mit denen die Anschlüsse an das Dach winddicht eingekleidet werden können.

Bei der Montage von Einbauleuchten in den abgehängten Decken im Dachgeschoss kommt es häufig zu Beschädigungen der Dampfsperre, sodass Raumluftfeuchte in die Dämmung eindringen und kondensieren kann. Auch hier entstehen große Schäden, wenn es sich beispielsweise um Einbauspots in der Badezimmerdecke handelt, da die Luftfeuchtigkeit in Bädern besonders hoch ist.

Gibt es im Keller beheizte und unbeheizte Bereiche, werden an die Kellertüren dieser Räume ebenfalls erhöhte Anforderungen gestellt.

Die nachfolgende Checkliste hilft Ihnen bei Beurteilung und Vergleich von Entwürfen oder Bauträgerangeboten hinsichtlich Luftdichtheit des Gebäudes.

Checkliste Luftdichtheit:
Fragen an den Planer / Anbieter

			Ja	Nein
1.0	Werden Detailpläne zu folgenden Punkten erstellt:			
	1.1	Anschluss von Fenster an Außenwand	☐	☐
	1.2	Anschluss von Leitungsdurchführungen im Dach	☐	☐
	1.3	Winddichter Anschluss der Dachluke bei unbeheiztem Spitzboden	☐	☐
	1.4	Anschluss der Eingangstür an Außenwand / Boden	☐	☐
	2.0	Wird ein "Blower-Door-Test" durchgeführt?	☐	☐

Damit der Handwerker vor Ort eine Orientierung für die Ausführung seiner Arbeiten bekommt, sollten die genannten kritischen Punkte zeichnerisch dargestellt werden.

Messen kann man die Luftdichtigkeit eines Gebäudes mit dem so genannten „Blower-Door-Test“, bei dem ein künstlicher Unterdruck im Haus erzeugt wird. Dann wird gemessen, wie viel Luft innerhalb einer Stunde durch Undichtigkeiten nachströmt. Große Undichtigkeiten lassen sich auf diese Weise orten. Bei Niedrigenergiehäusern ist ein dreifacher Luftwechsel zulässig (innerhalb einer

Stunde wird das Raumluftvolumen des Hauses drei mal ausgetauscht). Sehr gut gedichtete Häuser erreichen Werte zwischen einem 0,2 fachen und 1,5 fachen Luftwechsel. Der Nachteil des „Blower-Door-Test“ liegt daran, dass in der Regel nach Fertigstellung getestet wird, also zu einem Zeitpunkt, an dem die Ursachen nur noch mit großem Aufwand beseitigt werden können.

Eine einfachere und preiswertere Variante des „Blower-Door-Test“ ist der „Airtest“, bei dem lediglich ein Unterdruck erzeugt wird, aber keine Messungen der Luftwechselrate vorgenommen werden. Nur die Gebäudehülle wird nach Lecks abgesucht. Ein guter Zeitpunkt ist nach der Montage der Folie im Dachgeschoss und vor der Montage der Gipskartonplatten. Da die Orte potenzieller Lecks Fachleuten bekannt sind, können diese Stellen gezielt untersucht werden.

Luftdichtheit ist auch eine Voraussetzung für den Betrieb von Lüftungsanlagen, weil nur so die Luftströmung gezielt verläuft und unkontrollierte Zuluftströmungen in einzelne Räume vermieden werden.

5.0 Vertragsgestaltung

5.1 Der notarielle Vertrag

Wenn Sie mit dem Bauträger bauen, wird der Kaufvertrag vom Notar beglaubigt. Dies hat seine Ursache darin, dass Sie gleichzeitig ein Grundstück erwerben und Grundstückskäufe in der Bundesrepublik Deutschland grundsätzlich notariell beglaubigt werden müssen. Der Notar hat auch die Aufgabe, sicherzustellen, dass der Kaufvertrag formal richtig abgeschlossen wird und keine sittenwidrigen Paragraphen enthält. Der Notar achtet also nur darauf, wie Sie kaufen und nicht, was Sie kaufen. Er beurkundet alles, was die Vertragsparteien beurkunden möchten. Eine fachliche Prüfung der Baubeschreibung und der Planunterlagen durch den Notar erfolgt nicht. Es spielt für den Notar auch keine Rolle, ob der Kaufpreis angemessen ist oder nicht.

Meistens bestimmt der Bauträger die Wahl des Notars, da diesem dann bereits die Grundbuchauszüge zur Verfügung stehen, er eine eventuelle Teilungserklärung bereits beurkundet hat und der Kaufvertrag vorliegt. Im Prinzip können Sie selbst den Notar bestimmen, da Sie schließlich auch die Kosten tragen, aber der Wechsel zu einem anderen Notar kann Zusatzkosten verursachen und eventuell die zeitliche Abwicklung der Finanzierung behindern.

Vor dem Notartermin ist es sehr wichtig, den Kaufvertrag in Ruhe durchzusehen und sich vor allem professioneller Hilfe und Beratung zu bedienen. Lassen Sie den Kaufvertrag zum Beispiel von einem Fachanwalt prüfen, denn fast jeder Käufer ist mit der Beurteilung der rechtlichen Folgen überfordert.

Der Kaufvertrag setzt sich im Wesentlichen aus folgenden Bestandteilen zusammen:

- Der notarielle Kaufvertrag
- Eine eventuelle Teilungserklärung
- Alle Anlagen wie die Bau- und Leistungsbeschreibung inklusive allen Sonderwunsch- und Bemusterungsvereinbarungen, Planzeichnungen, usw.

Der notarielle Kaufvertrag:

Neben den üblichen formalen Regelungen müssen im Kaufvertrag unter anderem Regelungen für die folgenden Punkte festgelegt werden:

1. Kaufobjekt
Nachdem das Kaufobjekt beschrieben wurde (Grundbuch, um was für ein Objekt handelt es sich, usw.), wird festgelegt, nach welchen Vorgaben die Erstellung des Gebäudes erfolgt. Meist sind das lediglich die Baubeschreibung und Planunterlagen im Maßstab 1:100. Alle Sonderwünsche müssen unbedingt mit in den Vertrag aufgenommen werden.

Was bei der Prüfung der Baubeschreibung zu beachten ist, wurde im Kapitel 4 ausführlich erläutert. Jede einzelne Seite der Baubeschreibung sollte sicherheitshalber von beiden Parteien unterzeichnet sein.

Die Baugesuchpläne sind eine schlechte Rechtsgrundlage für den Kaufvertrag, da es immer Abweichungen bei der Ausarbeitung der Ausführungsplanung gibt. Je nach Stand der Planung sollte besser die Ausführungsplanung Vertragsbestandteil sein. Existiert noch keine Ausführungsplanung, sollten die Eintragungen in den Planunterlagen wenigstens vollständig sein. Eine Orientierungshilfe ist hier das Kapitel 4 des vorliegenden Buches.

So weit eine Teilungserklärung Bestandteil des Kaufvertrages ist, weil beispielsweise Reihenhäuser auf einem gemeinsamen Grundstück mit gemeinsamer Tiefgarage verkauft werden, muss ebenfalls darauf Bezug genommen werden.

2. Bauzustand
Wie weit ist die Planung bei Vertragsabschluss fortgeschritten? Ist das Baugesuch schon eingereicht worden, oder liegt die Baugenehmigung bereits vor? Wenn mit dem Bau bereits begonnen wurde, sollte hier der genaue Stand der Arbeiten definiert werden.

3. Bezugsfertigkeit, Übergabe
Vereinbaren Sie den genauen Zeitpunkt, wann das Objekt bezugsfertig ist und was genau unter Bezugsfertigkeit zu verstehen ist. Welche Arbeiten müssen abgeschlossen sein, welche Arbeiten können noch nach Bezugsfertigkeit ausgeführt werden? Im letzteren Falle wäre ein fester Fertigstellungstermin zu vereinbaren. Außerdem sollte

die Art der Abnahme festgelegt werden, am besten eine förmliche Abnahme, wie sie in diesem Buch beschrieben wird.

4. Gewährleistung
Vereinbaren Sie den Gewährleistungszeitraum und den Beginn der Gewährleistungszeit. Falls von Seiten des Bauträgers Gewährleistungsausschlüsse gewünscht werden und diese auch begründet sind (Vorsicht!), sind diese hier ebenfalls genau zu beschreiben.

5. Kaufpreis
Vereinbaren Sie den Kaufpreis und beschreiben Sie genau, was im Kaufpreis enthalten ist und was nicht enthalten ist (z.B. Grunderwerbsteuer, Notarkosten usw.). Vereinbaren Sie die Währung, in der der Kaufpreis beglichen wird.

6. Kaufpreiszahlung
Legen Sie detailliert fest, auf welche Weise die Zahlung erfolgt. Bei Ratenzahlungen muss jede einzelne Rate festgelegt werden, außerdem die Fälligkeitsvoraussetzung für die Freigabe der Gelder. Sie sollten hier die Möglichkeit einer Baustellenbegehung vor Ratenzahlung vereinbaren, außerdem die Möglichkeit, bei festgestellten Mängeln einen Teil der Rate bis zur Behebung der Mängel zurückzubehalten. Wichtig ist auch, genau festzulegen, welche Leistungen als Fälligkeitsvoraussetzung für die einzelnen Raten erbracht werden müssen. Vereinbaren Sie außerdem feste Termine für die Fertigstellung der Leistungen der einzelnen Zahlungsraten. Es genügt hier, eine Kalenderwoche anzugeben, innerhalb der die Leistung fertig gestellt wird. Damit erfahren Sie frühzeitig, wenn der Bauträger mit seinen Leistungen in Verzug gerät, außerdem zwingen Sie ihn dazu, sich mit dem Bauablauf auseinander zu setzen und verhindern, dass er Ihnen Fantasie-Fertigstellungstermine nennt.

An dieser Stelle wird auch der Bauträger Regelungen einbringen wie zum Beispiel die Finanzierungszusage der finanzierenden Bank, die besagt, dass die Auszahlung nach Baufortschritt direkt an den Bauträger erfolgt.

Für den Fall, dass genügend Eigenkapital vorhanden ist und nicht finanziert werden muss, wird der Bauträger vermutlich bei Vertragsabschluss eine Bankbürgschaft verlangen, damit die Bezahlung sichergestellt ist. Durch die Ausstellung einer Bankbürgschaft kann der Bauträger u.U. einen direkten Auszahlungsanspruch gegen die Bank geltend machen, für den Fall, dass der Erwerber aus irgendwelchen Gründen nicht zahlt.

Bei Bankbürgschaften ist allergrößte Vorsicht geboten: Sie müssen unbedingt darauf achten, dass eine Bankbürgschaft von der Gegenseite niemals „auf erste Anforderung" gezogen werden kann und auch niemals unter „Verzicht auf Widerspruch" oder Ähnliches. Ihre Bankbürgschaft sollte immer deutlich gekennzeichnet sein mit dem Zusatz „Nicht auf erste Anforderung". Im Streitfalle zwischen Ihnen und dem Bauträger würde das Geld dann zunächst einmal beim zuständigen Gericht hinterlegt und der Bauträger hätte keinen direkten Zugriff darauf, sondern dieser Zugriff würde abhängig gemacht vom Ausgang eines Verfahrens.

Außerdem ist bei Bankbürgschaften zu beachten, dass die Kosten hierfür nicht unerheblich sind. Sinnvoll ist es daher, diese Kosten demjenigen anzulasten, der die Bankbürgschaft fordert.

Übrigens: Sie können auch Ihrerseits vom Bauträger eine Bankbürgschaft verlangen. Eine solche Sicherheitsbürgschaft kann Ihnen z.B. im Insolvenzfall helfen, den Ihnen entstehenden Schaden zu begrenzen. Sprechen Sie diese Thematik ruhig bei Ihren Kaufverhandlungen an und nehmen Sie diese in den Vertrag auf. Manche Firmen haben mittlerweile auch Versicherungen gegen Insolvenz abgeschlossen.

7. Belastungen
Achten Sie darauf, dass im Grundbuch keine Lasten und Beschränkungen auf dem Grundstück eingetragen sind. Sollte dies der Fall sein, müssen diese hier erwähnt werden. Achten Sie in diesem Fall darauf, ob Ihnen diese Eintragungen Nachteile bringen können (eine Baulast kann beispielsweise verhindern, dass Sie zu einem späteren Zeitpunkt einen Anbau an Ihr Haus vornehmen können). Waren Ihnen diese Dinge nicht bekannt, sollten Sie überdenken, ob der Kaufpreis noch angemessen ist.

8. Auflassungsvormerkung
Zur Sicherung des Anspruches der Eigentumsübertragung muss eine Auflassungsvormerkung im Grundbuch beantragt werden. Damit verhindern Sie, dass der Verkäufer das Objekt zweimal verkauft.

9. Sonstiges
Neben der üblichen salvatorischen Klausel (teilweise Nichtigkeit

des Vertrages macht nicht den ganzen Vertrag nichtig) und der Beauftragung des Notars, die Urkunde zu vollziehen, sollten unbedingt auch folgende Punkte vereinbart werden:

Der Bauträger muss zusichern, dass das Grundstück frei von Altlasten ist, und Ihnen den Nachweis hierfür vorlegen. Dennoch auftretende Altlasten muss er auf seine Kosten beseitigen.

Vereinbaren Sie, dass Ihnen neben einer Kopie des kompletten, genehmigten Bauantrags mit Stempel der Genehmigungsbehörde stets der aktuelle Stand der Ausführungsplanung (Werkplanung des Architekten und der Fachingenieure für Heizung, Sanitär und Elektro) zur Verfügung gestellt wird. Vor allem bei Planänderungen bleiben Sie so auf dem neuesten Stand. Außerdem sämtliche statische Berechnungen und Planunterlagen (Positionspläne, Bewehrungspläne), weiter die vollständige Wärmeschutzberechnung inklusive der Berechnungsgrundlagen, den Schallschutznachweis und die Baugrunduntersuchung, die unter anderem Auskunft über die Tragfähigkeit des Untergrundes und den Grundwasserstand gibt. All diese Unterlagen sind äußerst wichtige Informationen, wenn Sie später einmal umbauen möchten.

Vereinbaren Sie die Durchführung eines Blower-Door-Tests, um die Winddichtigkeit der Gebäudehülle sicherzustellen. Dabei sollte auch ein Höchstwert für die Luftwechselrate vereinbart werden, der nicht überschritten werden darf (ein guter Wert ist kleiner als 1/h, bei einer Lüftungsanlage mit Wärmerückgewinnung sollte er bei 0,6/h liegen).

Am Schluss stehen die Unterschriften der Vertragsparteien und des Notars, der als Letzter unterschreibt.

Anlagen zum Kaufvertrag:

In der Regel werden hier die Baubeschreibung und die Baugesuchpläne beurkundet.
Achten Sie darauf, dass alles, was Sie bei den Bemusterungen ausgewählt haben, detailliert beschrieben und aufgeführt ist.

5.2 Die Teilungserklärung

Werden Teilbereiche von verschiedenen Eigentümern genutzt, wie das zum Beispiel bei eine gemeinsam genutzten Tiefgarage mehrerer Reihenhäuser der Fall wäre, muss eine so genannte Teilungserklärung erstellt werden. Dabei werden die betreffenden Flächen in 1/1000 Anteile aufgeteilt und den verschiedenen Parteien zugeordnet. Auch Teilungserklärungen haben im Allgemeinen eine bestimmte Struktur. Es werden Regelungen für die folgenden Punkte formuliert.

1. Die Teilung
Als Erstes werden die einzelnen 1/1000 Anteile zugeordnet und beschrieben (was gehört zum Sondereigentum, was zum Wohnungseigentum und was zum Teileigentum).

2. Begriffsbestimmungen
Als Nächstes müssen die Begriffe Wohnungseigentum, Teileigentum, Gemeinschaftliches Eigentum, Sondereigentum erläutert werden.

3. Gemeinschaftsordnung
Wichtig ist, nach welcher Grundlage das Verhältnis der Eigentümer untereinander bestimmt wird (z.B. die Vorschriften der §§ 10 - 29 Wohnungseigentumsgesetz (WEG)).

4. Gebrauchsregelung
Weiter können Sonderregelungen wie z.B. Sondernutzungsrechte einzelner Eigentümer festgelegt werden, Nutzungen ausgeschlossen oder zugelassen werden.

5. Übertragung des Eigentums
Wichtig ist, dass Teileigentum (z.B. ein Tiefgaragenstellplatz) frei veräußerlich ist und die Aufteilung in kleinere Einheiten (z.B. in zwei Motorradstellplätze) ohne Zustimmung der übrigen Eigentümer möglich ist.

6. Instandhaltung und Veränderung des Sondereigentums
Es muss festgelegt werden, wie die Kostenverteilung von Instandhaltungsmaßnahmen geregelt wird, sowie die Rechte zur baulichen Umgestaltung des Eigentums für den Einzelnen.

7. Durchführung von Instandhaltungsarbeiten
Es muss festgelegt werden, dass die Eigentümer den Zutritt in ihr Eigentum für Instandhaltungsmaßnahmen gestatten, oder dass z.B. eine einfache Mehrheit der Eigentümerversammlung für die Beschlussfähigkeit genügt. Außerdem sollte geklärt sein, wie die Kosten für Instandhaltungsmaßnahmen verteilt werden.

8. Instandhaltung des gemeinschaftlichen Eigentums
Alle Eigentümer sollten sich zur pfleglichen Behandlung des Grundbesitzes und der Gebäude verpflichten und Schäden unverzüglich anzeigen.

9. Sorgfaltspflicht der Eigentümer
Es sollte beispielsweise eine Haftung des jeweiligen Eigentümers gegenüber den übrigen Eigentümern für Schäden vereinbart werden, die aus einer Verletzung der Sorgfaltspflicht entstehen.

10. Versicherungen
Legen Sie fest, welche Versicherungen abzuschließen sind, mindestens die verbundene Wohngebäudeversicherung und die Grundstücks- und Gebäudehaftpflichtversicherung.

11. Wiederaufbau bei Zerstörung
Hier kann z.B. geregelt werden, dass bei Zerstörung ein Wiederaufbau für den Fall vereinbart ist, dass der Schaden von dritter Seite gedeckt ist, oder dass eine Aufhebung der Gemeinschaft verlangt werden kann, wenn keine Wiederaufbaupflicht besteht.

12. Entziehung des Sondereigentums
Es sollte die Möglichkeit bestehen, unter bestimmten Voraussetzungen einem Eigentümer das Sondernutzungsrecht zu entziehen.

13. Vermietung
Es muss festgelegt sein, dass Eigentümer das ihnen gehörende Sondereigentum frei vermieten können (z.B. Stellplätze).

14. Eigentümerversammlung
Es sollten alle Regelungen bezüglich der Eigentümerversammlung exakt formuliert werden inklusive sämtlicher Regelungen zur Anwesenheitspflicht.

15. Zahlungsverpflichtung der Eigentümer
Die Eigentümer sollten verpflichtet werden, Abschlagszahlungen gemäß Festsetzung zu leisten.

16. Wirtschaftsplan und Abrechnung
Es sollte geregelt werden, dass ein Wirtschaftsplan aufgestellt wird und eine jährliche Abrechnung erfolgt, über die die Eigentümergemeinschaft beschließt.

17. Mehrheit von Berechtigten an einem Eigentum
Wenn Wohnungs- / Teileigentum an mehrere Personen übergeht, sollte geregelt sein, dass ein Bevollmächtigter zu bestellen ist.

18. Sonstige Bestimmungen
Die salvatorische Klausel und die Festlegung des Gerichtsstandes sollten vereinbart sein.

19. Kosten
Es sollte geregelt sein, wer die Kosten für die Beurkundung trägt.

Am Schluss stehen die Unterschriften der Vertragsparteien und des Notars, der als Letzter unterschreibt.

Die Teilungserklärung beinhaltet außerdem die Teilungspläne, in denen die jeweiligen Eigentumsanteile eingetragen sind.

6.0 Qualitätskontrolle in der Planungs- und Bauphase

6.1 Baukontrolle vor Ratenzahlung

Die sicherste Möglichkeit, Pfusch am Bau einzugrenzen, ist die Baukontrolle vor Ratenzahlung. Diese sollte keinesfalls den Charakter einer Abnahme haben, sondern lediglich die technische Begutachtung der erbrachten Leistung. Die Möglichkeit einer Baukontrolle mit einem Sachverständigen vor Ratenzahlung sollte im Notarvertrag mit aufgenommen werden. Die Anwesenheit des Bauträgers bei der Baukontrolle ist nicht erforderlich, aber hilfreich. Festgestellte Mängel sollten Sie dabei möglichst genau dokumentieren (Fotos, Skizzen) und den Bauträger wie nachfolgend beschrieben informieren. Auch wenn Sie ihn nicht zwingen können, einen Mangel unverzüglich zu beseitigen, haben Sie so doch die Möglichkeit, einen Teil der fälligen Rate einzubehalten. Ein seriöser Anbieter wird jedoch großes Interesse an einem reibungslosen und vor allem mängelfreien Bauablauf haben und für Ihre Unterstützung dankbar sein.

6.2 Was tun bei mangelhafter Ausführung?

Der Bauträger schuldet Ihnen formal gesehen erst zum Zeitpunkt der Abnahme ein mängelfreies Bauwerk. Deshalb haben Sie nur einen begrenzten Einfluss, wenn Sie während der Bauzeit eine mangelhafte Ausführung feststellen, denn nach dem BGB haben Sie zu dieser Zeit noch keinen Anspruch auf Nachbesserung. In einem solchen Fall bleibt Ihnen nur die Möglichkeit, den Bauträger vorsorglich aufzufordern, den Mangel bis zum Fertigstellungstermin zu beseitigen. Damit schaffen Sie die erforderlichen Voraussetzungen, um Ihre Ansprüche nach der Abnahme geltend zu machen.

Beispiel: Der Erwerber eines Bauträgerobjektes stellte fest, dass der Maurer in Teilbereichen die Außenwanddämmung zwischen tragender Wand und Klinker vergessen hatte und teilte dies dem Bauträger schriftlich mit. Zusätzlich dokumentierte er den Mangel anhand von Fotos. Ein erheblicher Mangel, der nachträglich kaum zu beseitigen und zudem von außen zum Zeitpunkt der Abnahme nicht mehr sichtbar ist. Da der Erwerber bei der Abnahme Zweifel hatte, ob der Mangel beseitigt wurde, ließ er gezielt einen Stein aus der Verklinkerung entfernen, um die Sachlage ohne großen Aufwand zu prüfen. Die Dämmung war tatsächlich nicht nachgebessert worden.

6.3 Der Bauablauf im Überblick

Nachfolgend erfahren Sie, wie der reguläre Bauablauf bei der Erstellung eines Hauses vonstatten geht. Es kann sein, dass es hierbei Differenzen zu dem von Ihnen erworbenen Objekt und dessen Bauablauf gibt, z.B. weil Ihr Bauträger gleichzeitig auch eine Bauunternehmung ist, die das gesamte Gebäude mit eigenen Handwerkern schlüsselfertig erstellt. Im nachfolgenden Ablauf wird davon ausgegangen, dass ein Bauträger ein geplantes und genehmigtes Gebäude gewerkeweise ausgeschrieben hat und nunmehr mit extern beteiligten Handwerkern erstellt.

Baustelleneinrichtung:
Als aller erstes erfolgt die Baustelleneinrichtung. Es werden Lagerplätze für das Baumaterial festgelegt, Bauzäune werden aufgestellt, Baustrom wird gelegt, Bauwagen und WC-Häuschen werden abgestellt und das Bauschild aufgestellt. Der Kran wird aufgestellt, nachdem die benötigte Laufrichtung, Schwenkkreis etc. feststehen.

Grobabsteckung und Erdarbeiten:
Als Nächstes erfolgt nun mit Pflöcken die so genannte Grobabsteckung, welche die Hauskanten und Ecken definiert. Dann wird mit den Erdarbeiten begonnen. Hierbei handelt es sich um den Aushub und die Sicherung der Grube.

Die erforderliche Tiefe der Baugrube ist erreicht.

Schnurgerüst und Fundamentarbeiten:
In der Baugrube wird das Schnurgerüst erstellt. Darunter versteht man die Markierung der Gebäudeecken mittels dreier vertikal in den Boden getriebener Holzpflöcke, die durch zwei horizontal angenagelte Bretter ergänzt werden. Ein solcher Schnurbock kennzeichnet jeweils eine Gebäudeecke. Darauf folgen die Fundamentarbeiten. Hier wird in der Regel zunächst die Grundleitung gelegt, dann wird eine Kiesschüttung in die Grube eingebracht, es werden Folien mitunter auch Dämmung gelegt und die Bodenplatte selbst wird gegossen.

Bewehrung der Bodenplatte

Rohbauarbeiten:
Auf der Bodenplatte beginnt dann der Mauer mit seinen Arbeiten. Er setzt zunächst nur eine Steinschicht in der gewünschten Wandanordnung des Grundrisses auf das Fundament, um notfalls noch Korrekturen vornehmen zu können und um die Horizontalsperren (meist Dichtungsbahnen wie z.B. Dachbahnen) auf diese erste Steinschicht aufbringen zu können. Anschließend mauert er gleichmäßig bis zur Kellerdecke auf. Danach wird die Kellerdecke betoniert. Ist diese fertig, beginnt der Maurer mit der Aufmauerung des nächsten Geschosses.

Die Innenwände im Erdgeschoss werden aufgemauert

Dränarbeiten:
Ist der Keller so weit fertig gemauert oder betoniert, kann er von außen bereits gegen Feuchtigkeit und eindringendes Wasser abgedichtet werden, u.a. mit einem speziellen Bitumenanstrich. Ist diese Schutzhaut mit allen Schichten fertig gestellt und gut abgetrocknet, kann die umlaufende Grube wiederverfüllt werden. Zumeist mit einer Kiesfüllung. Zuvor wird aber auf Höhe der Fundamentsohle bzw. Bodenplatte kellerumlaufend meist noch ein so genanntes Dränagerohr eingelegt, welches später den Sinn hat, das in den Boden von oben einsickernde Wasser schneller in ein kiesgefülltes Sickerloch abzuführen.

Zimmerer- und Holzbauarbeiten:
Hat der Rohbauer das letzte Geschoss so weit aufgemauert, dass Giebelwände und Kniestockwände stehen, kann der Zimmermann seinen Dachstuhl setzen. Ist dieser gesetzt gilt der Rohbau als abgeschlossen.

Der Dachstuhl wird von den Zimmerleuten aufgerichtet.

Dachdeckungsarbeiten:
Gleichzeitig rücken nun mehrere Gewerke an. Unter ihnen ist der Dachdecker und deckt den Dachstuhl ein. Dies ist ein sehr wichtiges Etappenziel, was erfahrene Bauleiter nach Möglichkeit immer vor dem Winter erreicht haben wollen, denn nun ist der Korpus Ihres Hauses gegen Regen, Wind und Schnee relativ gut geschützt und es kann mit dem Innenausbau begonnen werden.

Das Dach wird mit Dachziegeln eingedeckt

Klempner- bzw. Blechnerarbeiten:
Der Klempner- bzw. Blechner ist ebenfalls vor Ort und fertigt zunächst sämtliche Dichtungsarbeiten am Dach, so weit diese nicht bereits schon vom Dachdecker selbst übernommen wurden. Er montiert die Regenrinnen sowie Fallrohre. Er stellt evtl. notwendig werdende Übergänge von Dachgauben zur Dachfläche her, er dichtet die Kaminanschlüsse ein etc.

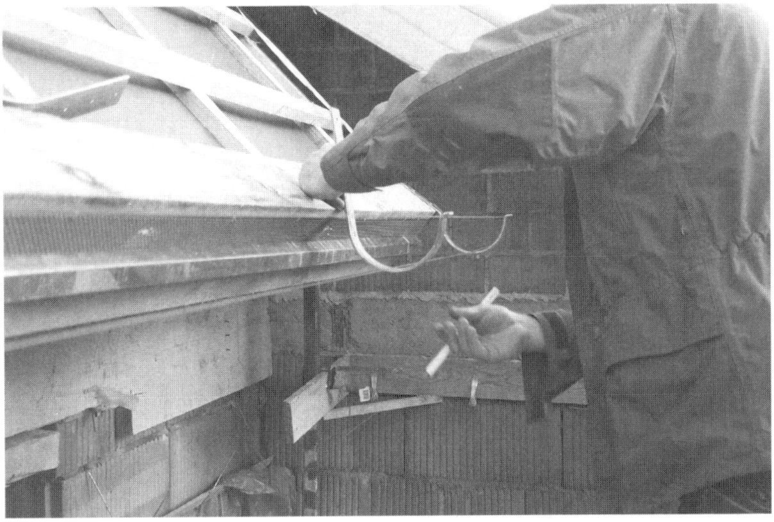

Montage der Rinnenhaken

Fenster und Türen:
Vor dem Rollladenbauer kommt der Schreiner bzw. Fensterbauer und setzt Außenfenster- und Türen, die schließlich passgenau eingedichtet werden.

Die Fuge zwischen Fensterrahmen und Mauerwerk wird ausgeschäumt

Rollladenarbeiten:
Danach setzt der Rollladenbauer in die vom Rohbauer eingemauerten Rollladenkästen über den Fenstern die Rollläden ein und montiert von innen die Gurtwickler.

Heizungsbauer:
Jetzt kann die heiße Phase des Innenausbaus beginnen, da die montierten Fenster und Türen alle Folgegewerke vor zu großen Temperaturschwankungen schützen, aber auch teilweise wertvolle Einbauten wie Heizbrenner, Sanitärgegenstände etc. vor Diebstahl sichern. Der Heizungsbauer beginnt damit, die Rohrverlegung der Heizung in Angriff zu nehmen. Steig- und Fallstränge der Vor- und Rückläufe von der Heizzentrale zu den Heizkörpern, sowie die Kopplung der Heizzentrale an die interne Versorgung über einen Öltank oder aber an die externe Versorgung über Gasleitungen oder Fernwärme etc. werden vorgenommen.

Nach der Montage der Unterkonstruktion…

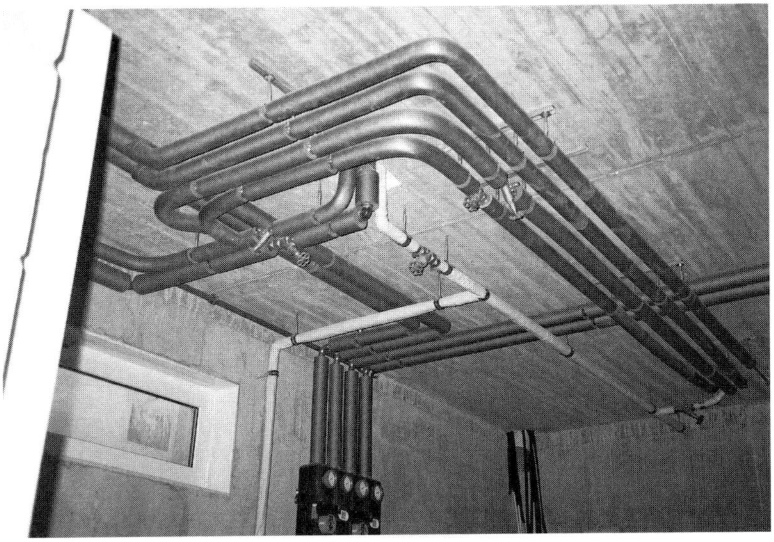

...werden die Heizungsleitungen befestigt und gedämmt

Sanitärinstallateur:
Parallel zur Heizungsbauerkolonne montiert der Sanitärinstallateur das Leitungssystem für Zu- und Abwasser, sowie in enger Absprache mit dem Heizungsbauer die speziellen Vorrichtungen und Führungen für die Bereitstellung von Warmwasser. Oft werden die Gewerke Heizung und Sanitär an dieselbe Firma vergeben.

Der Sanitärinstallateur beginnt mit der Rohinstallation der Abwasserrohre

Elektroinstallationsarbeiten:
Auch der Elektriker beginnt jetzt und versieht das Haus mit einer Vielzahl von Kabelführungen, von den einzelnen Zimmern zu Verteilern und von dort an eine zentrale Zählerstelle, oft ebenfalls im Hausanschlussraum.

Rohinstallation der Steckdosen

Schlosserarbeiten:
Um diese Zeit wirkt schon das Schlosserteam, das z.B. Geländer, Vordächer und anderes setzt, so weit die im Leistungsumfang des Hauses miteingeschlossen ist.

Die Stahlkonstruktion der Treppe wird gesetzt und dient gleichzeitig als Bautreppe

Putzer- bzw. Gipserarbeiten:
Wenn Heizungs-, Sanitär- und Elektroinstallation vollbracht sind, kommt der Putzer bzw. Gipser und verputzt sämtliche Innenwände des Hauses, sowie die Raumdecken. Er übernimmt in der Regel auch die Stellung von Trockenbauwänden oder Dachschrägenverkleidungen usw.

Der Maschinenputz wird lagenweise aufgetragen

Fassadenarbeiten:
Je nach Jahreszeit wird zu diesem Zeitpunkt außen bereits schon die Fassade fertig gestellt. Entweder in Form von Dämmarbeiten und anschließender Verputzung oder Holzvertäfelung oder aber in Form von Verklinkerung etc. Dämmarbeiten machen heutzutage bereits verschiedene Gewerke: Maler, Putzer bzw. Gipser wie auch Holzbauer werden hierfür herangezogen, je nachdem, was im Einzelfall gewünscht ist.

Das Wärmedämm-Verbund-system wird angebracht

Estricharbeiten:
Nach Trocknung der Putze erscheint der Estrichleger auf der Baustelle und bringt in allen Räumen den Estrich ein. Meist einen so genannten schwimmenden Estrich, der aus einer auf dem Rohboden liegenden Trittschall-Dämmschicht und einer darauf aufgebrachten Estrichschicht besteht. Diese wird meist als Zementestrich ausgeführt. Der direkte Kontakt des Estrichs mit den Wänden wird durch das Stellen kleiner Randstreifen verhindert.

Der Estrich wird eingebracht

Fliesenleger:
In den Bädern und in der Küche ist zu diesem Zeitpunkt oft schon der Fliesenleger zugange und fliest Böden und Wände. Nach ihm kommt dann nochmals der Sanitärinstallateur und setzt die Sanitärgegenstände wie Waschbecken, WC's etc.

Nach dem Fliesen der Wände werden die Böden gefliest

Schreiner:
Nach ihm kommt der Schreiner und baut sämtliche Innentüren ein, sowie erforderlichenfalls auch Treppen bzw. Treppenstufen.

Einbau der Türzargen durch den Schreiner

Malerarbeiten:
Schließlich kommt der Maler und bearbeitet, so weit notwendig, gewünscht und erforderlich die Außenfassade, sowie alle Innenwände und -decken, die er nach der festgelegten Bemusterung tapeziert und streicht.
Ist er fertig, erscheinen nochmals der Heizungsbauer und der Elektriker und installieren endgültig die Heizkörper und die Schalter und Steckdosen etc.

Der Maler beim Hausanstrich

Bodenbelagsarbeiten:
Zu den letzten Arbeiten am Haus gehören die Parkettarbeiten sowie das Verlegen von Teppichböden.

Parkettverlegung im Wohnzimmer

Gebäudereinigung:
Ihr Haus ist nun bezugsfertig und die Abnahme kann erfolgen. Vorher sollte jedoch eine Endreinigung des Hauses durchgeführt werden, damit eventuelle Schäden und Mängel nicht von Schmutz verdeckt werden.

Außenanlagen:
Gehören die Außenanlagen zum Leistungsumfang des Bauträgers, müssen sie vor Abnahme vollständig angelegt sein. Es ist sinnvoll, wenn der Hauszugang bei Bezugsfertigkeit auch hergestellt ist, damit Sie nicht ständig Schmutz ins neue Haus bringen.

Ein fertiggestellter Hauszugang vermeidet Schmutzeintrag in das neue Haus

7.0 Die Abnahme und Gewährleistung

Bevor Sie in Ihr Haus einziehen können, erfolgt die Hausübergabe in Form einer Abnahme. Sofern das Haus beim Kauf noch nicht fertig gestellt war, sondern Sie das Objekt vor Baubeginn oder in der Bauphase erworben haben, findet die Abnahme in der Regel bei Bezugsfertigkeit des Gebäudes statt. Es kann also durchaus sein, dass neben einer eventuellen Mängelbeseitigung noch Restarbeiten wie z.B. der Außenputz auszuführen sind.

Der Begriff der Abnahme bedeutet, dass Sie die erbrachte Bauleistung entgegennehmen und in der Hauptsache als vertragsgemäß anerkennen. Mängel stehen der Abnahme also nicht entgegen. Mit der Abnahme beginnt der Gewährleistungszeitraum von 5 Jahren, in dem der Bauträger auftretende Mängel kostenfrei beseitigen muss. Allerdings geht nach der Abnahme die Beweislast auf den Käufer über. Das bedeutet, dass Sie im Zweifelsfall nachweisen müssen, dass es sich einem von Ihnen beanstandeten Punkt um einen Mangel handelt.

7.1 Was müssen Sie bei der Abnahme beachten?

Die Abnahme sollte grundsätzlich als förmliche Abnahme durchgeführt werden. Das bedeutet, dass die Leistung des Bauträgers im Rahmen einer gemeinsamen Begehung begutachtet und von Ihnen anerkannt wird. Dabei wird ein Abnahmeprotokoll angefertigt, in dem der Ablauf der Abnahme und alle Mängel festgehalten werden. Es empfiehlt sich, vor der Abnahme nach Möglichkeit zunächst alleine durch das Haus zu gehen und sich Notizen zu machen. Bereiche, die nicht besichtigt werden können, sollten im Protokoll ausgeklammert werden. Prüfen Sie die Übereinstimmung der Leistung mit der Baubeschreibung. Wichtig ist, dass alle sichtbaren Mängel bei der Abnahme schriftlich festgehalten werden. Alle Teilnehmer müssen das Protokoll unterschreiben.

Das Abnahmeprotokoll muss folgende Angaben enthalten:

- Datum, Ort, Uhrzeit, Dauer der Abnahme
- Bezeichnung des Objekts mit Adresse
- Anschrift von Bauträger und Erwerber
- Namen aller Teilnehmer
- Übergabe von Unterlagen, Schlüsseln usw. auflisten.
- Sichtbare Mängel und Schäden auflisten und genau beschreiben. (So weit möglich ein Foto der mangelhaften Leistung machen)
- Termin für Mängelbeseitigung vereinbaren!
- Termin für Fertigstellung von eventuellen Restarbeiten vereinbaren
- Höhe des Einbehalts bis zur Mängelfreiheit vereinbaren!
- Alle Teilnehmer müssen unterschreiben!

Es empfiehlt sich, die Abnahme grundsätzlich bei Tageslicht vorzunehmen. Gehen Sie zunächst einmal ums Haus und durch alle Räume, um sich einen Überblick zu verschaffen und um sicherzustellen, dass alle Räume besichtigt werden können. Fällt Ihnen dabei schon etwas auf, zum Beispiel ein Schaden an einer Tür, machen Sie sich eine Notiz, ohne gleich darauf einzugehen. Als nächstes gehen Sie Raum für Raum sorgfältig durch. Es bietet sich an, eine Reihenfolge festzulegen, zum Beispiel vom Keller ins Dach oder umgekehrt, und vom jeweiligen Flur aus im Uhrzeigersinn durch alle Räume.

Wenn Sie einen Mangel finden, überlegen Sie, ob Sie diesen Punkt auch in den vorherigen Räumen kontrolliert haben, gegebenenfalls gehen Sie nochmals zurück und prüfen es.

7.2 Richtiges Verhalten bei Mängeln

Bedenkt man das hohe Maß an Handarbeit beim Bau, ist es eigentlich nicht ungewöhnlich, wenn es hin und wieder zu mangelhaft ausgeführten Arbeiten kommt. In der Regel handelt es sich um Kleinigkeiten, die ohne allzu großem Aufwand behoben werden können.

Zu unterscheiden sind zwei Arten von Mängeln. Zum einen mangelhaft ausgeführte Arbeiten, also Arbeiten, die mit Fehlern behaftet sind, zum anderen Mängel aufgrund des Fehlens zugesicherter

Eigenschaften. Ein Fehlen zugesicherter Eigenschaften liegt zum Beispiel dann vor, wenn vertraglich die Verlegung einer bestimmten Fliese vereinbart wurde und der Fliesenleger eine andere Fliese verlegt hat. Selbst wenn die Arbeit einwandfrei ausgeführt wurde, ist die Leistung mangelhaft.

Nicht immer sind sich Käufer und Bauträger darüber einig, ob es sich um eine mangelhafte Leistung handelt oder nicht. Hier gilt die einfache Regel, dass vor Abnahme der Bauträger beweisen muss, dass es sich nicht um einen Mangel handelt. Tritt ein Mangel nach der Abnahme auf, muss der Käufer beweisen, dass die Leistung mangelhaft ist. Sind Sie und der Bauträger sich bei der Abnahme also uneinig, ob eine bestimmte Leistung mangelhaft ist oder nicht, nehmen Sie den Sachverhalt trotzdem auf und vermerken diesen Umstand im Abnahmeprotokoll.

Der Text könnte in etwa so lauten:
„Folgende Leistung wird als mangelhaft beanstandet: (Beschreibung des Mangels). Der Auftragnehmer widerspricht mit folgender Begründung: (Stellungnahme des Bauträgers). Der Auftragnehmer wird innerhalb von 5 Werktagen einen schriftlichen Nachweis der Mängelfreiheit erbringen. Der Mangel gilt so lange als vorbehalten, bis der Sachverhalt geklärt ist. Bis zur Klärung wird folgender Geldbetrag vom Auftraggeber einbehalten: (zwei- bis dreifache Summe der Kosten für die Mängelbeseitigung)".

Danach können Sie mit der Abnahme fortfahren. Zu erwähnen ist noch, dass nicht jeder kleine Kratzer und jede kleine Unebenheit gleich einen Mangel darstellt. Es gibt gewisse Toleranzen beim Bauen, die Sie als Erwerber hinnehmen müssen, denn schließlich ist alles Handarbeit und die erbrachte Leistung muss mit dem Augenmaß begutachtet werden, mit dem Sie später im täglichen Gebrauch durch das Haus gehen.

Ein Mangel kann nach der Bedeutung für die Gebrauchstauglichkeit gemessen werden, oder nach dem Grad der Beeinträchtigung der Funktionsfähigkeit. Die Bandbreite liegt damit zwischen einem Mangel, der eine Nachbesserung erforderlich macht und einer Bagatelle, die nicht einmal den Einbehalt von Geld erlaubt.

Eine undichte Rohrleitung ist sicherlich ein erheblicher Mangel, der unverzüglich beseitigt werden muss, ein kleiner Kratzer in der Glasscheibe, den man im Abstand von 50 cm schon nicht mehr sehen kann, eher eine Bagatelle, wegen der man die Scheibe sicherlich nicht auswechseln wird. Lassen Sie also bei der Abnahme die Lupe zu Hause und achten Sie auf die wirklich wichtigen Punkte.
Und sollte der Bauträger argumentieren, dass ein streitiger Mangel im Toleranzbereich liegt, so muss er Ihnen vor der Abnahme den Nachweis dafür erbringen.

Es empfiehlt sich, bereits bei der Abnahme zu vereinbaren, wie viel Geld bis zur Beseitigung der Mängel einbehalten wird, da alle Beteiligten anwesend sind. Die Höhe des Einbehalts sollte etwa das Dreifache der Kosten betragen, die zur Beseitigung der Mängel oder Schäden notwendig sind. Ist der Betrag zu gering, kann es passieren, dass der Bauträger lieber auf das Geld verzichtet, um sich die Arbeit zu sparen. Sie haben dann den Ärger und den Aufwand, um die Dinge in Ordnung bringen zu lassen.

7.3 Typische sichtbare Mängel

Wenn beim Hausbau nur eine Schlussabnahme nach Bezugsfertigkeit durchgeführt wird, sind nahezu alle möglichen Problembereiche verdeckt, die bei mangelhafter Ausführung erhebliche Kosten verursachen können.

Wichtig für die Schlussabnahme sind die sichtbaren Mängel am Haus, denn wenn diese nicht im Abnahmeprotokoll schriftlich festgehalten werden, akzeptieren Sie damit diesen Mangel und der Bauträger muss später nicht mehr nachbessern.

Es ist selbst für einen Fachmann schwer, bei der Schlussabnahme sämtliche möglichen Ausführungsfehler zu prüfen, weil dies ein sehr umfangreiches Unterfangen ist. Wenn Sie nicht die Möglichkeit haben, vorab in Ruhe durch das Haus zu gehen, sollten Sie sich zumindest für die Abnahme ausreichend Zeit nehmen. Eine sorgfältige Begehung kann Stunden in Anspruch nehmen. Informieren Sie auch den Bauträger über den Zeitumfang, den Sie brauchen. Lassen Sie sich nicht hetzen.

Tipp
Wenn Sie sich bedrängt fühlen und der Bauträger die Abnahme so schnell wie möglich hinter sich bringen möchte, ist Vorsicht geboten. In einem solchen Fall sollten Sie anbieten, den Termin abzubrechen und einen neuen Termin mit mehr Zeit zu vereinbaren. Meistens hilft das, um Ruhe zu bekommen, es sei denn, der Bauträger hat es wirklich eilig.

Es ist durchaus möglich, dass Sie bei der Begehung 20 und mehr Punkte finden, die nachgebessert werden müssen. Wenn es sich durchweg um Kleinigkeiten handelt, ist das nicht so schlimm. Wenn Sie aber das Gefühl haben, dass am Objekt einiges im Argen liegt, und der Bauträger sich uneinsichtig zeigt, brechen Sie den Termin besser ab und wiederholen die Abnahme gemeinsam mit einem Sachverständigen.

Anhand der Baubeschreibung, sofern sie die in Kapitel 4 beschriebene Ausführlichkeit besitzt, müssen Sie kontrollieren, ob die beschriebenen und vereinbarten Leistungen ordnungsgemäß erbracht wurden und ob z.B. der vereinbarte Hersteller, Typ, Farbe, Material usw. verwendet wurde.

Darüber hinaus gibt es eine Reihe von typischen Fehlern und Mängeln, die sehr häufig zu finden sind. Die folgenden, ausführlich beschriebenen Beispiele zeigen dies auf.

Beispiel Innentüren:
Innentüren sind häufig nicht richtig justiert. Die Folge ist, dass die Tür entweder nach dem Öffnen von selbst wieder zuschlägt, oder sich von selbst öffnet, wenn man sie nur anlehnt. Achten Sie darauf, dass die Tür nicht am Boden streift und der Türspalt zwischen Boden und Türe nicht zu groß ist. Üblich ist ca. 1 cm Luft. Prüfen Sie die Oberfläche und die Kanten auf Beschädigungen. Kontrollieren Sie auch, ob die Türen beim Schließen am Rahmen streifen und ob sie sich abschließen lassen.

Beispiel Fenster:
Auch Fenster sind oft nicht richtig justiert und schlagen von selbst wieder zu, nachdem man sie loslässt. Achten Sie auf Kratzer im Glas. Ist das Fenster so schmutzig, dass es nicht auf Kratzer hin kontrolliert werden kann, muss dieser Umstand im Protokoll festgehalten werden (z.B.: Das Fensterglas konnte wegen Verschmutzung nicht auf Fehler geprüft werden. Schäden an der Verglasung werden vorbehalten). Prüfen Sie die Gängigkeit jedes einzelnen Fensterflügels, achten Sie darauf, dass der Anschluss zwischen Rahmen und Fensterbank sowie den Laibungen innen und außen verfugt ist.

Beispiel Rollläden:
Nicht immer lassen sich Rollläden komplett öffnen und schließen, sie haken oder bleiben sogar hängen. Das Rollladenband muss senkrecht vom Kasten zum Gurtwickler geführt werden. Ist es schief, wird das Band durch die Fehlbelastung frühzeitig zerstört.

Beispiel Sanitärgegenstände:
Der Boden der Dusche und der Badewanne sollte genau untersucht werden. Häufig gibt es hier Kratzer, weil der Installateur oder der Fliesenleger den Boden vor Beginn seiner Arbeiten nicht sorgfältig abgedeckt hat. Auch das Waschbecken ist auf der Innenseite oft beschädigt.

Beispiel Elektroinstallation:
Kaum zu glauben, aber nicht immer funktionieren alle Steckdosen und Schalter. Die Abnahme ist der richtige Zeitpunkt, dies zu prüfen. Nehmen Sie hierzu einen Stromprüfer zur Hand. Aber seien Sie vorsichtig.

Beispiel Heizungsinstallation:
An den Heizkörperflächen finden sich oftmals Lackschäden oder Beschädigungen der Abdeckungen. Die Heizung sollte bei der Abnahme in Betrieb sein, damit Sie prüfen können, ob die Heizkörper warm werden und wie lange es dauert, bis warmes Wasser aus den Leitungen kommt.

Beispiel Fliesen:
Fliesen haben oftmals kleine Risse oder Abplatzungen an den Kanten. Bei Abmauerungen im Duschbereich und Wannenbereich ist darauf zu achten, dass das Gefälle von der Wand weg führt, sonst steht ständig Wasser an der Wand. Nicht immer decken die Rosetten der Sanitärgegenstände die Aussparung ab, die der Fliesenleger in die Fliesen gebrochen hat. Prüfen Sie, ob alle Ecken und Wand-Bodenübergange sowie die Anschlüsse der Sanitärgegenstände an den Fliesen dauerelastisch versiegelt sind.

Beispiel Parkettböden:
Parkettböden haben mitunter ein unebenes Schliffbild, das Sie gut im Gegenlicht sehen können. Es kommt manchmal auch zu Beulungen oder gar Rissbildungen, z.B. weil der Parkettleger unmittelbar nach dem Verlegen des Parketts die Heizung viel zu hoch gedreht hatte und die hohe Raumtemperatur das Parkett arbeiten ließ.

Häufig ist auch der Abstand des Parketts zur Wand zu gering gewählt, so dass keine ausreichende Bewegungsfuge bleibt. Vor allem im Fußpunktbereich von Türzargen lässt sich dies gut sehen. Hier muss zwischen Parkettboden und Türzarge z.B. ein ausreichend dimensionierter Korkstreifen liegen. Nicht selten kommt es auch vor, dass die umlaufende Bodenleiste sowohl an der Wand, wie auch am Parkett selbst montiert ist. Auch dies ist ungünstig, weil es den Parkettboden an der Bewegung hindert.

Beispiel Wandflächen:
Achten Sie darauf, ob sich Tapeten an Stößen oder Ecken von der Wand lösen oder größere Luftblasen hinter der Tapete sind. Diese Bereich finden Sie, indem Sie mit einer Lampe parallel zur Wand ein Streiflicht erzeugen.
Nicht immer sind die Wände vollflächig gestrichen und es gibt unschöne Fehlstellen. Diese Bereiche kann man in der Regel nur bei Tageslicht erkennen. Fensterbänke und Fenster müssen von Farbresten gereinigt sein.

Beispiel Außenbereich:
Bei sichtbaren und gestrichenen Sparren ist der Anstrich nicht immer vollständig. Prüfen Sie auch vom Dachfenster aus, ob die Oberseite der Mittelpfetten gestrichen wurde.
Die Überstände von Außenfensterbänken, Blechverwahrungen z.B. am Garagendach, Abdeckungen von Mauern haben nicht immer eine ausreichende Tropfkante (ca. 2 cm Überstand), sodass ablaufendes Wasser in Kürze die Wand verschmutzt.
Bei Plattenbelägen im Außenbereich kommt es vor, dass einzelne Platten beim Betreten wackeln.

7.4 Checklisten für die Abnahme

Die nachfolgenden Checklisten zeigen auf, wie viele Punkte bei einer Schlussabnahme zu kontrollieren sind. Bei der Abnahme geht es nicht darum, rasch durchs Haus zu laufen und zu sehen, ob einem dabei etwas auffällt, auch wenn so mancher Bauträger das am liebsten hätte. Es geht auf beiden Seiten vor allem um erhebliche finanzielle Interessen.

Deshalb sollten Sie sich beim Durchsehen der Checklisten ganz ehrlich die Frage stellen: Reicht das fachliche Wissen aus, um die Mängelfreiheit aller Bereiche und Gewerke beurteilen zu können?

Wenn Sie nach dem Lesen der Checklisten daran Zweifel haben, brauchen Sie einen erfahrenen Fachmann, der Ihnen bei der Abnahme zu Seite steht und alle Punkte für Sie prüft. Ein erfahrener Bauleiter, Architekt oder Sachverständiger kann Ihnen bei der Abnahme eine wertvolle Hilfe sein. Unter anderem bei der Industrie- und Handelskammer (IHK) erhalten Sie zudem eine Liste von vereidigten Sachverständigen, falls sich im Vorfeld bereits Schwierigkeiten abzeichnen. Wen Sie auch ansprechen, lassen Sie sich Referenzen der bisherigen Tätigkeit geben, aus denen der Grad der Erfahrung hervorgeht. Treffen Sie vorher klare Honorarvereinbarungen.

Die Checklisten helfen Ihnen bei der Übersicht, ob alle Stichpunkte kontrolliert wurden, in dem Sie die einzelnen Punkte raumweise abhaken. Zudem können Sie diese Checklisten zum Vertragsbestandteil machen, wenn Sie einem externen Fachmann die fachliche Beurteilung der Leistung überlassen, damit von Anfang an klar ist, wie umfangreich sich die Abnahme gestaltet. Lassen Sie sich die einzelnen Punkte vor der Abnahme erläutern, um sich ein Bild von seiner fachlichen Qualifikation zu machen.

Durch den raumweisen und geschossweisen Aufbau der Checklisten müssen Sie nicht ständig blättern und behalten den Überblick über die zu prüfenden Punkte. Die Prüfpunkte sind bewusst stichwortartig gehalten, um übersichtlich zu bleiben. Wenn Sie Grundrisse dabei haben, achten Sie auf Übereinstimmung zwischen den dort eingetragenen Raumbezeichnungen und den in den Prüflisten verwendeten Begriffen.

Prüfpunkte für die Hausabnahme - Innen

Die folgende Liste hilft Ihnen, wichtige Prüfpunkte bei der Hausabnahme nicht zu vergessen. Es handelt sich hierbei um Prüfpunkte, bei denen häufig Mängel gefunden werden. Punkte, die Sie überprüft haben, kreuzen Sie einfach an.

			Keller							
			Raum: z.B. Flur	Raum:	Raum:	Raum:	Raum:	Raum:	Raum:	Raum:
	Innenbereich									
01	**Kelleraußentür**									
		Musterübereinstimmung Baubeschreibung								
		Schwenkradius								
		Öffnungsrichtung								
		Türhöhe / Türbreite								
		Schließmechanismus / Schlüssel								
		Beschläge								
		Wetterschenkel								
		dichtes Schließen / Türfalzdichtungen								
		Türblattoberfläche								
		Zargenoberfläche / Zargen-Wand-Anschluss								
		Türbänder / Befestigung								
		lotrechter Einbau								
02	**Innentüren**									
		Musterübereinstimmung Baubeschreibung								
		Schwenkradius								
		Öffnungsrichtung								
		Türhöhe / Türbreite								
		Schließmechanismus / Schlüssel								
		Beschläge								
		Dichtes Schließen / Türfalzdichtungen								
		Türblattoberfläche								
		Zargenoberfläche / Zargen-Wand-Anschluss								
		Türbänder / Befestigung								
		lotrechter Einbau								
03	**Fenster**									
		Musterübereinstimmung Baubeschreibung								
		Schwenkradius								
		Öffnungsrichtung								
		Schließmechanismus								
		Beschläge								
		Dichtes Schließen								
		Glasoberfläche								
		Befestigung								
		Wandanschluss								
		lotrechter Einbau								
04	**Fensterbänke**									
		Oberfläche (Kratzer, Risse, Sprünge)								
		waagerechter Einbau								
		Wandanschluss								
05	**Rolläden**									
		Gangbarkeit								
		Rolladenband lotrecht								
		Verschmutzung								
		Verdunkelung								
		Befestigung Rolladenklappe								
06	**Wandflächen**									
	Tapeten	Ebenheit								
		Anstrich								
		Nähte bei Tapeten, Anschlüsse, Stöße								

Prüfpunkte für die Hausabnahme - Innen

			Keller							
			Raum: z.B. Flur	Raum:	Raum:	Raum:	Raum:	Raum:	Raum:	Raum:
	Innenbereich									
06	**Wandflächen**									
	Putz	Oberflächenstruktur								
		Gleichmäßigkeit								
		Ebenheit								
		Anstrich, Anschlüsse								
	Wandfliesen	Musterübereinstimmung Baubeschreibung								
		Ebenheit								
		Fugenbreite / Fugenverlauf								
		Sprünge								
		Durchstoßpunkte Sanitärinstallation								
		Bordüren								
		Ablagen mit Gefälle zum Raum								
		Übergänge zu Anschlußbauteilen (Tür etc.)								
		Befestigungen (Klopftest)								
	Vorwandinstall.	Befestigung								
		Übergänge zu Anschlußwänden								
		Revisionsöffnungen								
	Sockelleisten	waagerechter Einbau								
		Oberfläche								
		Wand- / Bodenanschluss								
		Stöße								
07	**Deckenuntersichten**									
	Tapeten	Ebenheit								
		Anstrich								
		Nähte bei Tapeten, Anschlüsse, Stöße								
		Deckenauslässe (Elektro)								
	Putz	Oberflächenstruktur								
		Gleichmäßigkeit								
		Ebenheit								
		Anstrich, Anschlüsse								
		Deckenauslässe (Elektro)								
08	**Bodenbeläge**									
	Teppich bzw. Linoleum	Musterübereinstimmung Baubeschreibung								
		Ebenheit								
		Schadenfreiheit								
		Fußleisten								
	Bodenfliesen	Musterübereinstimmung Baubeschreibung								
		Ebenheit								
		Fugenbreite / Fugenverlauf								
		Beschädigungen								
		Durchstoßpunkte Sanitärinstallation								
		Falls vorhanden: Bodenabläufe								
		Messingabschlussleisten / Übergänge								
09	**Elektroinstall.**									
		Schalter, Anzahl und Lage								
		Steckdosen, Anzahl und Lage								
		Schalterprogramm								
		Funktionsfähigkeit								
		Lichtauslässe, Anzahl und Lage								
		Herdanschluss								

Prüfpunkte für die Hausabnahme - Innen

			Keller							
			Raum: z.B. Flur	Raum:	Raum:	Raum:	Raum:	Raum:	Raum:	Raum:
	Innenbereich									
09	**Elektroinstall.**									
		Zugerscheinung an Steckdosen								
10	**Heizungsinstall.**									
		Heizkörper / Dichtigkeit								
		Heizkörper / Oberfläche								
		Abnahme Schornsteinfeger								
		Falls vorhanden: Entlüftung								
		Befestigung								
		Heizkörper, Lage, Anzahl, Größe								
		Funktionsfähigkeit / Dosierung / Thermostat								
11	**Sanitärinstall.**									
		Armaturen, Musterübereinstimmung								
		Objekte, Musterübereinstimmung								
		Befestigung								
		Einbauhöhe								
		Silikondichtungen								
		Funktionsfähigkeit								
		waagerechte Montage								
		Duschtrennwände								
		Bad- / WC-Accessoires vollständig?								
12	**Treppen**									
		Musterübereinstimmung								
		identische Antrittshöhen								
		Befestigung Geländer								
		Geländerhöhen								
		Handläufe, Befestigung								
		Handläufe, Oberfläche								
		Kopfhöhen								
13	**Heizungsanlage**									
	Heizungsraum	Raumbelüftung (Zuluft / Abluft)								
		Heizungsraumtür / Feuerschutz notwendig?								
	Kamin	Abnahme Schornsteinfeger								
		Wandanschluss / Montage								
		Funktionsfähigkeit								
		Zuluft								
		Rauchabzug, Anschluss an Brenner								
	Brenner	Funktionsfähigkeit								
		Laufruhe								
		Steuerung / Regulierung								
		Montage / Befestigung								
	Kessel	Funktionsfähigkeit								
		Laufruhe								
		Steuerung / Regulierung								
		Montage / Befestigung								
	Pumpen	Funktionsfähigkeit								
		Laufruhe								
		Steuerung / Regulierung								
		Montage / Befestigung								

Prüfpunkte für die Hausabnahme - Innen

			Keller							
			Raum: z.B. Flur	Raum:	Raum:	Raum:	Raum:	Raum:	Raum:	Raum:
	Innenbereich									
13	**Heizungsanlage**									
	Rohre / Ventile	Funktionsfähigkeit								
		Dichtigkeit								
		Wärmeisolierung nach WSVO								
		Schallisolierung der Befestigungen								
		Montage / Befestigung								
	Ausdehungsgefäß	Funktionsfähigkeit								
		Dichtigkeit								
		Sicherheitsventile								
		Montage / Befestigung								
	Evtl. Öltank	Dichtigkeit								
		Funktionsfähigkeit Öluhr								
		Zulauf								
		Ablauf								
		Überlauf								
		Montage / Befestigung								
	Evtl. Gasheiztherme	Funktionsfähigkeit								
		Laufruhe								
		Steuerung / Regulierung								
		Montage / Befestigung								
	Evtl. Fernwärme-übergabestation	Funktionsfähigkeit								
		Laufruhe								
		Steuerung / Regulierung								
		Montage / Befestigung								
14	**Hausanschluss**									
	Wasseranschluss	Zulauf								
		Wanddurchstoßpunkte								
		Zähleruhren (Stadtwerke)								
		Dichtigkeit								
		Ventile / Funktionsfähigkeit								
		Montage / Befestigung								
	Elektroanschluss	Zuführung								
		Wanddurchstoßpunkte								
		Zähleruhren (Stadtwerke)								
		Isolierungen								
		Sicherungen / Funktionsfähigkeit								
		Montage / Befestigung								
	Gasanschluss	Zustrom								
		Wanddurchstoßpunkte								
		Zähleruhren (Stadtwerke)								
		Dichtigkeit								
		Ventile / Funktionsfähigkeit								
		Montage / Befestigung								
	Fernwärmeanschl.	Zustrom								
		Wanddurchstoßpunkte								
		Zähleruhren (Stadtwerke)								
		Dichtigkeit								
		Ventile / Funktionsfähigkeit								
		Montage / Befestigung								

Prüfpunkte für die Hausabnahme - Innen

Die folgende Liste hilft Ihnen, wichtige Prüfpunkte bei der Hausabnahme nicht zu vergessen. Es handelt sich hierbei um Prüfpunkte, bei denen häufig Mängel gefunden werden. Punkte, die Sie überprüft haben, kreuzen Sie einfach an.

			EG und OG							
			Raum: z.B. Flur	Raum:	Raum:	Raum:	Raum:	Raum:	Raum:	Raum:
	Innenbereich									
01	**Haustür**									
		Musterübereinstimmung Baubeschreibung								
		Schwenkradius und Öffnungsrichtung								
		Türhöhe / Türbreite								
		Schließmechanismus / Schlüssel								
		Beschläge und Wetterschenkel								
		dichtes Schließen / Türfalzdichtungen								
		Türblattoberfläche								
		Zargenoberfläche / Zargen-Wand-Anschluss								
		Türbänder / Befestigung								
		lotrechter Einbau								
02	**Innentüren**									
		Musterübereinstimmung								
		Schwenkradius und Öffnungsrichtung								
		Türhöhe / Türbreite								
		Schließmechanismus / Schlüssel								
		Beschläge								
		Dichtes Schließen / Türfalzdichtungen								
		Türblattoberfläche								
		Zargenoberfläche / Zargen-Wand-Anschluss								
		Türbänder / Befestigung								
		lotrechter Einbau								
03	**Fenster**									
	auch von außen	Schwenkradius und Öffnungsrichtung								
	prüfen !	Schließmechanismus, Beschläge								
		Dichtes Schließen								
		Glasoberfläche								
		Befestigung, lotrechter Einbau								
		Wandanschluss innen und außen								
		Anschluss Rollladenschienen, Kasten								
		bei Holzfenstern: Anstrich, Haftung, Farbton								
04	**Fensterbänke**									
		Oberfläche (Kratzer, Risse, Sprünge)								
		waagerechter Einbau								
		Wandanschluss								
05	**Rollläden**									
	auch von außen	Gangbarkeit								
	prüfen !	Rollladenband lotrecht								
		Verschmutzung								
		Verdunkelung								
		Befestigung Rollladenklappe								
06	**Wandflächen**									
	Tapeten	Ebenheit								
		Anstrich								
		Nähte bei Tapeten, Anschlüsse, Stöße								
	Putz	Oberflächenstruktur								
		Gleichmäßigkeit								
		Ebenheit								
		Anstrich, Anschlüsse								
	Wandfliesen	Ebenheit								

Prüfpunkte für die Hausabnahme - Innen

			EG und OG							
			Raum: z.B. Flur	Raum:	Raum:	Raum:	Raum:	Raum:	Raum:	Raum:
	Innenbereich									
06	**Wandflächen**									
	Wandfliesen	Fugenbreite / Fugenverlauf								
		Sprünge								
		Durchstoßpunkte Sanitärinstallation								
		Bordüren								
		Ablagen mit Gefälle zum Raum								
		Übergänge zu Anschlußbauteilen (Tür etc.)								
		Haftung am Untergrund (Klopftest)								
	Vorwandinstall.	Befestigung								
		Übergänge zu Anschlusswänden								
		Revisionsöffnungen								
	Sockelleisten	waagerechter Einbau								
		Oberfläche								
		Wand- / Bodenanschluss								
		Stöße								
07	**Deckenuntersichten**									
	Tapeten	Ebenheit								
		Anstrich								
		Nähte bei Tapeten, Anschlüsse, Stöße								
		Deckenauslässe (Elektro)								
	Putz	Oberflächenstruktur								
		Gleichmäßigkeit								
		Ebenheit								
		Anstrich, Anschlüsse								
		Deckenauslässe (Elektro)								
	Holz	Musterübereinstimmung								
		Montagelaufrichtung								
		Stöße								
		Randabschluss								
		Randleisten								
		Befestigung								
		Deckenauslässe (Elektro)								
08	**Bodenbeläge**									
	Teppich bzw. Linoleum	Ebenheit								
		Musterübereinstimmung								
		Schadenfreiheit								
		Fußleisten								
	Bodenfliesen	Ebenheit								
		Fugenbreite / Fugenverlauf								
		Sprünge								
		Durchstoßpunkte Sanitärinstallation								
		Falls vorhanden: Bodenabläufe								
		Messingabschlussleisten / Übergänge								
		Musterübereinstimmung								
	Parkett	Ebenheit / Schliffbild								
		Verlegemuster / Verlegerichtung								
		Riss- oder Fugenbildung								
		Randabstände zur Wand								
		Eingelegte Korkstreifen								
		Messingabschlussleisten / Übergänge								

Prüfpunkte für die Hausabnahme - Innen

			EG und OG							
			Raum: z.B. Flur	Raum:	Raum:	Raum:	Raum:	Raum:	Raum:	Raum:
	Innenbereich									
08	**Bodenbeläge**									
	Parkett	Befestigung								
09	**Elektroinstall.**									
		Schalter, Anzahl und Lage								
		Steckdosen, Anzahl und Lage								
		Schalterprogramm								
		Funktionsfähigkeit								
		Lichtauslässe, Anzahl und Lage								
		Herdanschluss								
		Zugerscheinung an Steckdosen								
10	**Heizungsinstall.**									
		Heizkörper, Dichtigkeit								
		Heizkörper, Oberfläche								
		Funktionsfähigkeit / Dosierung / Thermostat								
		Falls vorhanden: Entlüftung								
		Befestigung								
		Heizkörper, Lage, Anzahl, Größe								
11	**Sanitärinstall.**									
		Armaturen, Objekte gemäß Muster								
		Befestigung								
		Einbauhöhe								
		Silikondichtungen								
		Funktionsfähigkeit								
		waagerechte Montage								
		Duschtrennwände								
		Bad- / WC-Accessoires vollständig?								
12	**Treppen**									
		Musterübereinstimmung								
		identische Antrittshöhen								
		Befestigung Geländer, Geländerhöhen								
		Handläufe, Befestigung								
		Handläufe, Oberfläche								
		Kopfhöhen								
13	**Kamine / Öfen**									
		Musterübereinstimmung								
		Wandanschluss / Montage								
		Funktionsfähigkeit								
		Zuluft und Rauchabzug								
		Steuerung / Regulierung								
14	**Terrassentür**									
		Musterübereinstimmung								
		Schwenkradius und Öffnungsrichtung								
		Glasoberfläche								
		Türhöhe / Türbreite								
		Schließmechanismus / Schlüssel								
		Beschläge, Wetterschenkel								
		dichtes Schließen / Türfalzdichtungen								
		Zargenoberfläche / Zargen-Wand-Anschluss								
		Türbänder / Befestigung								
		lotrechter Einbau								

Prüfpunkte für die Hausabnahme - Innen

Die folgende Liste hilft Ihnen, wichtige Prüfpunkte bei der Hausabnahme nicht zu vergessen. Es handelt sich hierbei um Prüfpunkte, bei denen häufig Mängel gefunden werden. Punkte, die Sie überprüft haben, kreuzen Sie einfach an.

			Dachgeschoss							
			Raum: z.B. Flur	Raum:	Raum:	Raum:	Raum:	Raum:	Raum:	Raum:
	Innenbereich									
01	**Innentüren**									
		Musterübereinstimmung								
		Schwenkradius								
		Öffnungsrichtung								
		Türhöhe / Türbreite								
		Schließmechanismus / Schlüssel								
		Beschläge								
		Dichtes Schließen / Türfalzdichtungen								
		Türblattoberfläche								
		Zargenoberfläche / Zargen-Wand-Anschluss								
		Türbänder / Befestigung								
		lotrechter Einbau								
02	**Balkonaußentüren**									
		Musterübereinstimmung								
		Schwenkradius								
		Öffnungsrichtung								
		Türhöhe / Türbreite								
		Schließmechanismus / Schlüssel								
		Beschläge								
		Wetterschenkel								
		dichtes Schließen / Türfalzdichtungen								
		Türblattoberfläche								
		Zargenoberfläche / Zargen-Wand-Anschluss								
		Türbänder / Befestigung								
		lotrechter Einbau								
03	**Fenster**									
	auch von außen	Schwenkradius und Öffnungsrichtung								
	prüfen !	Schließmechanismus, Beschläge								
		Dichtes Schließen								
		Glasoberfläche								
		Befestigung								
		Wandanschluss innen und außen								
		Anschluss Rollladenschienen, Kasten								
		bei Holzfenstern: Anstrich, Haftung, Farbton								
		lotrechter Einbau								
04	**Fensterbänke**									
		Oberfläche (Kratzer, Risse, Sprünge)								
		waagerechter Einbau								
		Wandanschluss								
05	**Rolläden**									
	auch von außen	Gangbarkeit								
	prüfen !	Rolladenband lotrecht								
		Verschmutzung								
		Verdunkelung								
		Befestigung Rolladenklappe								
06	**Wandflächen**									
	Tapeten	Ebenheit								
		Anstrich								
		Nähte bei Tapeten, Anschlüsse, Stöße								
	Putz	Oberflächenstruktur								

Prüfpunkte für die Hausabnahme - Innen

			Dachgeschoss							
			Raum: z.B. Flur	Raum:	Raum:	Raum:	Raum:	Raum:	Raum:	Raum:
	Innenbereich									
06	**Wandflächen**									
	Putz	Gleichmäßigkeit								
		Ebenheit								
		Anstrich, Anschlüsse								
	Wandfliesen	Ebenheit								
		Fugenbreite / Fugenverlauf								
		Sprünge								
		Durchstoßpunkte Sanitärinstallation								
		Bordüren								
		Ablagen mit Gefälle zum Raum								
		Übergänge zu Anschlußbauteilen (Tür etc.)								
		Befestigungen (Klopftest)								
	Vorwandinstall.	Befestigung								
		Übergänge zu Anschlußwänden								
		Revisionsöffnungen								
	Sockelleisten	waagerechter Einbau								
		Oberfläche								
		Wand- / Bodenanschluss								
		Stöße								
07	**Deckenuntersichten**									
	Tapeten	Ebenheit								
		Anstrich								
		Nähte bei Tapeten, Anschlüsse, Stöße								
		Deckenauslässe (Elektro)								
	Putz	Oberflächenstruktur								
		Gleichmäßigkeit								
		Ebenheit								
		Anstrich, Anschlüsse								
		Deckenauslässe (Elektro)								
	Holz	Musterübereinstimmung								
		Montagelaufrichtung								
		Stöße								
		Randabschluss								
		Randleisten								
		Befestigung								
		Deckenauslässe (Elektro)								
08	**Bodenbeläge**									
	Teppich bzw. Linoleum	Ebenheit								
		Musterübereinstimmung								
		Schadenfreiheit								
		Fußleisten								
	Bodenfliesen	Ebenheit								
		Fugenbreite / Fugenverlauf								
		Sprünge								
		Durchstoßpunkte Sanitärinstallation								
		Falls vorhanden: Bodenabläufe								
		Messingabschlussleisten / Übergänge								
		Musterübereinstimmung								
	Parkett	Ebenheit								
		Schliffbild								

Prüfpunkte für die Hausabnahme - Innen

			Dachgeschoss							
			Raum: z.B. Flur	Raum:	Raum:	Raum:	Raum:	Raum:	Raum:	Raum:
	Innenbereich									
08	**Bodenbeläge**									
	Parkett	Verlegemuster / Verlegerichtung								
		Riss- oder Fugenbildung								
		Randabstände zur Wand								
		Eingelegte Korkstreifen								
		Messingabschlussleisten / Übergänge								
		Befestigung								
09	**Elektroinstall.**									
		Schalter, Anzahl und Lage								
		Steckdosen, Anzahl und Lage								
		Schalterprogramm								
		Funktionsfähigkeit								
		Lichtauslässe, Anzahl und Lage								
		Herdanschluss								
		Zugerscheinuung an Steckdosen								
10	**Heizungsinstall.**									
		Heizkörper / Dichtigkeit								
		Heizkörper, Oberfläche								
		Funktionsfähigkeit / Dosierung / Thermostat								
		Falls vorhanden: Entlüftung								
		Befestigung								
		Heizkörper, Lage, Anzahl, Größe								
		Standrost am Kamin								
11	**Sanitärinstall.**									
		Armaturen,Musterübereinstimmung								
		Objekte, Musterübereinstimmung								
		Befestigung								
		Einbauhöhe								
		Silikondichtungen								
		Funktionsfähigkeit								
		waagerechte Montage								
		Duschtrennwände								
		Bad- / WC-Accessoires vollständig?								
12	**Treppen**									
		Musterübereinstimmung								
		identische Antrittshöhen								
		Befestigung Geländer								
		Geländerhöhen								
		Handläufe, Befestigung								
		Handläufe, Oberfläche								
		Kopfhöhen								
		Einschubtreppe, Funktion								
		Einschubtreppe, Musterübereinstimmung								
13	**Dachfenster**									
		Wandanschlusse								
		Funktionsfähigkeit								
		Musterübereinstimmung								
		Feststellen zum Putzen möglich								
		höher als umgebende Dachfläche montiert								
		Falzdichtung des Fensters								

Prüfpunkte für die Hausabnahme - Außen

Die folgende Liste hilft Ihnen, wichtige Prüfpunkte bei der Hausabnahme nicht zu vergessen. Es handelt sich hierbei um Prüfpunkte, bei denen häufig Mängel gefunden werden. Punkte, die Sie überprüft haben, kreuzen Sie einfach an.

			Fassade							
			Fassade: z.B. Ost	Fassade:	Fassade:	Fassade:	Fassade:	Fassade:	Fassade:	Fassade:
	Außenbereich									
01	**Dränage**									
		Evtl. Kiesstreifen								
		Übergang zu Haussockel								
		Übergang zu Grundstück / Einfassung								
		Anschüttung an Kellerlichtschächte								
02	**Lichtschächte**									
	Gitterroste	Korrosion								
		Montage / Befestigung								
		Öffenbarkeit / Einbruchsicherung								
	Kunststoffschacht	Oberfläche								
		Anarbeitung an Hauswand / Dichtigkeit								
		Wasserabführung								
		Zugänglichkeit								
		lotrechter Einbau								
		Musterübereinstimmung								
	Betonschacht	Oberfläche								
		Anarbeitung an Hauswand / Dichtigkeit								
		Wasserabführung								
		Zugänglichkeit								
		lotrechter Einbau								
		Musterübereinstimmung								
02	**Sockel**									
	Beton	Oberfläche								
		Ebenheit								
		Gleichmäßigkeit								
		Eckausführungen								
		Übergang Sockelfußpunkt								
		Übergang zu Hausfassade								
		Anarbeitung an Lichtschächte, Fenster, Tür								
	Putz	Putzmusterung								
		Ebenheit								
		Gleichmäßigkeit								
		Eckausführungen / Putzleisten								
		Übergang Sockelfußpunkt								
		Übergang zu Hausfassade								
		Anarbeitung an Lichtschächte, Fenster, Tür								
		Putzhaftung (Klopftest)								
	Klinker / Plättchen	Sprünge								
		Ebenheit								
		Fugenbreite / Fugenverlauf								
		Eckausführungen								
		Übergang Sockelfußpunkt								
		Übergang zu Hausfassade								
		Anarbeitung an Lichtschächte, Fenster, Tür								
		Montage / Befestigung (Klopftest)								
03	**Fassade**									
	Klinker	bei Hinterlüftung: Lüftungsschlitze								
		Risse / Sprünge								
		Ebenheit								
		Fugenbreite / Fugenverlauf								

Prüfpunkte für die Hausabnahme - Außen

			Fassade							
			Fassade: z.B. Ost	Fassade:	Fassade:	Fassade:	Fassade:	Fassade:	Fassade:	Fassade:
	Außenbereich									
03	**Fassade**									
	Klinker	Eckausführungen								
		Anarbeitung an First und Ortgang								
		Anarbeitung an Fenster und Türen								
		Montage / Befestigung								
		Fensterstürze gemäß Muster?								
		Farbton								
	Putz / Wärmedämm-verbundsystem	absolute Dichtigkeit an Anschlusspunkten								
		abs. Dicht. des Wärmedämmverbundsyst.								
		Ebenheit								
		Risse / Materialübergänge								
		Gleichmäßigkeit								
		Eckausführungen / Putzleisten								
		Anarbeitung an First und Ortgang								
		Anarbeitung an Fenster und Türen								
		Putzhaftung								
		Farbton								
	Holz	absolute Dichtigkeit am Sockelanschluss								
		aber: Verschalung zur Hinterlüftung offen								
		Gitterschutz am Lufteintritt								
		Ablaufblech mit Tropfkante unter Lufteintritt								
		Verschalungsmuster								
		Lattenstöße								
		Eckausführungen								
		Anarbeitung an First und Ortgang								
		Anarbeitung an Fenster und Türen								
		Montage / Befestigung								
		Farbton								
05	**Fensterbänke**									
		Oberfläche (Kratzer, Sprünge, Risse)								
		waagerechter Einbau								
		Gefälle vom Haus weg								
		Fassadenanschluss								
		Rolladenschienenanschluß								
		seitliche Einfassung								
		ausreichender Überstand zur Fassade								
		Tropfkante an Vorderseite								
06	**Rollläden**									
		Vollständiges Aufrollen im Kasten								
		Mit Stoppern versehen?								
		Alle Lamellen waagerecht?								
		Farbton								
		Rollladenschienen lotrecht?								
		Anarbeitung Rollladenschienen oben/unten								
08	**Außentreppen**									
	Treppen	Musterübereinstimmung								
		identische Antrittshöhen								
		Ebenheit								
		Kopfhöhen								

Prüfpunkte für die Hausabnahme - Außen

			Fassade							
			Fassade: z.B. Ost	Fassade:	Fassade:	Fassade:	Fassade:	Fassade:	Fassade:	Fassade:
	Außenbereich									
08	**Außentreppen**									
	Treppen	Entwässerung / Bodenabläufe								
		Anschlüsse Fassade, Sockel, Terrasse								
		bei Kellertreppen: Umfassungsmauern								
		Übergänge Bodenbeläge								
		Eingelegte Gitterroste								
	Geländer	Korrosion Geländer								
		Befestigung Geländer								
		Geländerhöhen								
		Handläufe, Befestigung								
		Handläufe, Oberfläche								
	Geflieste Treppen	Verlegemuster / Verlegerichtung								
		Fugenausbildung und Verlauf								
		Randsockel								
		Riffelungen gegen Rutschgefahr								
		Anarbeitungen an Bodenabläufe, Gitterroste								
		Farbton / Fliesenqualität								
		Montage / Befestigung (Klopftest)								
09	**Terrassen**									
	Terrassen	Ebenheit / leichtes Gefälle vom Haus weg								
		Entwässerung / Bodenabläufe								
		Anschlüsse Fassade, Sockel, Treppen								
		Übergänge Bodenbeläge								
		Anmodelierung Erdreich								
		Eingelegte Gitterroste								
	Geländer	Befestigung Geländer								
		Korrosion Geländer								
		Geländerhöhen								
		Handläufe, Befestigung								
		Handläufe, Oberfläche								
	Geflieste Terrassen	Verlegemuster / Verlegerichtung								
		Fugenausbildung und Verlauf								
		Randsockel								
		Riffelungen gegen Rutschgefahr								
		Anarbeitungen an Bodenabläufe, Gitterroste								
		Farbton / Fliesenqualität								
		Montage / Befestigung (Klopftest)								
	Holzbolenterrasse	Bolenstärke								
		Bolenmontage / Befestigung								
		Bolenhinterlüftung								
		Bolenverlegerichtung								
		Ebenheit								
		Holzschutzbehandlung								
10	**Balkone**									
	Balkone	Ebenheit / leichtes Gefälle vom Haus weg								
		Entwässerung / Bodenabläufe								
		Anschlüsse Fassade								
		Übergänge Bodenbeläge								
		Eingelegte Gitterroste								
	Geländer	Befestigung Geländer								

Prüfpunkte für die Hausabnahme - Außen

			Fassade							
			Fassade: z.B. Ost	Fassade:	Fassade:	Fassade:	Fassade:	Fassade:	Fassade:	Fassade:
	Außenbereich									
10	**Balkone**									
	Geländer	Korrosion Geländer								
		Verzinkungen / Farbanstriche								
		Geländerhöhen								
		Handläufe, Befestigung								
		Handläufe, Oberfläche								
	Geflieste Balkone	Verlegemuster / Verlegerichtung								
		Fugenausbildung und Verlauf								
		Randsockel								
		Riffelungen gegen Rutschgefahr								
		Anarbeitungen an Bodenabläufe, Gitterroste								
		Farbton / Fliesenqualität								
		Montage / Befestigung (Klopftest)								
	Holzbolenbalkone	Bolenstärke								
		Bolenmontage / Befestigung								
		Bolenhinterlüftung								
		Bolenverlegerichtung								
		Ebenheit								
		Holzschutzbehandlung								
12	**Rinnen / Fallrohre**									
		leichter Gefälleverlauf der Trauf-Rinnen								
		lotrechter Verlauf der Fallrohre								
		Metall: Korrosion / Abplatzungen								
		Kunststoff: Risse / Sprünge								
		Montage / Befestigung (Rütteltest)								
		Dehnungsausgleich der Rinnen								
		Unterspannbahn / Traufblech bis in Rinne								
		Montagepunkte der Rohre an Fassade								
		gute Abdichtung Montagepunkte								
		Anschluss Rohre an Sockel-Fallrohr								
		Schutz Sockel-Fallrohr gegen Rammung								
		Rinnenvorderkante tiefer als Rückkante								
		Durchgängig nur ein Metall verwandt								
13	**Steildach**									
	Traufkante	falls vorhanden: Traufverschalung								
		Dichtigkeit aller Anschlußpunkte								
		Montage / Befestigung Traufverschalung								
		falls sichtbar: Sparren-Enden (Sitz, Risse)								
		Auskleidung Sparrenzwischenräume								
		Montage / Befestigung Sparren-Enden								
		bei hinterlüftetem Dach: Lufteintrittsöffnung								
		Unterspannbahn								
		Traufblech (Montage, Sitz, Korrosion)								
		Dachüberstand wie geplant? (Messen)								
		Anarbeitung Hausfassade an Traufe								
		Schneefanggitter (Montage, Sitz, Korrosion)								
	Ortgang	falls vorhanden: Ortgangblech								
		Dichtigkeit aller Anschlußpunkte								
		Zustand Ortgangziegel								
		Montage / Befestigung Pfettenköpfe								

Prüfpunkte für die Hausabnahme - Außen

			Fassade							
			Fassade: z.B. Ost	Fassade:	Fassade:	Fassade:	Fassade:	Fassade:	Fassade:	Fassade:
	Außenbereich									
13	**Steildach**									
	Ortgang	falls sichtbar: Pfettenköpfe (Sitz, Risse)								
		Anarbeitung Hausfassade an Pfettenköpfe								
		Dachüberstand wie geplant? (Messen)								
		Anarbeitung Hausfassade an Ortgang								
	First	Geradeliniger Verlauf? (kein Durchhängen)								
		bei Ziegeldeckung: Firstziegelbefestigung								
		Blitzschutz montiert an höchstem Punkt?								
		bei Blechdeckung: kein Stoßpunkt am First								
	Dachdeckung	Musterübereinstimmung								
		gleichmäßge Verlegung								
		saubere Abschlüsse, kein Flickwerk								
		Fester Sitz der Ziegel								
		Trittstufen für Schornsteinfeger								
		zusätzliche Ziegel für Reparatur vorhanden								
	Entlüftungen	rundum dichte Einbindung								
		Rohroberfläche (Kratzer, Risse)								
		Korrosion								
		durchgängig ein Metall verwandt								
		Hutschutz auf dem Rohrkopf								
		Montage stabil								
	Schornstein	Anarbeitung an Dachfläche								
		bei Mauerung: Fugenstärke und -verlauf								
		bei hohen Schornsteinen: Sicherungsanker								
		falls vorhanden: Schutzdach Schornstein								
		lotrechter Verlauf								
		evtl. Kamindurchmesser								
14	**Flachdach**									
	Attika	Oberfläche (Kratzer, Risse)								
		Korrosion								
		durchgängig ein Metall verwandt								
		Blechverkleidung mit Abstand zu Hauswand								
		Verkleidungung außen mit Tropfkante								
		Verkleidung mit Gefälle zum Flachdach								
		dichter Anschluß an Dachbahnen innen								
		Vorstoß- u. Abdeckblech fest ineinander								
		Montage stabil gegen Wind etc.								
		Ecken und Kanten dicht u. überlappt								
		Stöße dicht								
		Attikahöhe innen ausreichend (15 - 20 cm)								
		Durchstoßpunkte Rinnen absolut dicht								
	Dachbelag	Kiesschüttung Kieselmaterial								
		Kiesschüttung Kieselgröße								
		Kiesschüttung Höhe								
		Kiesschüttung gleichmäßige Verteilung								
		bei Substratschüttung Kornsubstanz								
		bei Substratschüttung Korngröße								
		bei Substratschüttung Höhe								
		bei Substratschüttung gleichmäßige Vert.								
		Substratsubstanz								

Prüfpunkte für die Hausabnahme - Außen

			Fassade							
			Fassade: z.B. Ost	Fassade:	Fassade:	Fassade:	Fassade:	Fassade:	Fassade:	Fassade:
	Außenbereich									
14	**Flachdach**									
	Dacheinläufe	rundum dichte Einbindung								
		frei von Schmutz								
		ohne Beschädigungen								
		Montage stabil								
		Gefälleausbildung rundum								
	Entlüftungen	rundum dichte Einbindung								
		Rohroberfläche (Kratzer, Risse)								
		Korrosion								
		durchgängig ein Metall verwandt								
		Hutschutz auf dem Rohrkopf								
		Montage stabil								
	Schornstein	Anarbeitung an Dachfläche								
		bei Mauerung: Fugenstärke und -verlauf								
		bei hohen Schornsteinen: Sicherungsanker								
		falls vorhanden: Schutzdach Schornstein								
		lotrechter Verlauf								
		evtl. Kamindurchmesser								
	Oberlichter	rundum dichte Einbindung								
		höher als umgebende Dachfläche montiert								
		Öffnungsmechanismus								
		Oberfläche (Kratzer)								
		Glaseinfassung								
		Falzdichtung bei beweglichem Oberlicht								
		Feststellungsmechanismus								
	Dachterrassen	keine Durchstoßpunkte durch Dachhaut								
		Dachhaut an allen Anschlußpunkten dicht								
		Boden mit Gefälle mit Wasserabläufen								
		Notablauf								
		D.-terrassenbelag Musterübereinstimmung								
		Dachterrassenbelag (Sprünge, Korrosion)								
		Geländermontage nicht durch Dachhaut								
		Geländermontage stabil								
		Geländer Korrosion								

7.5 Was bedeutet Gewährleistungszeit?

Unter Gewährleistungszeit versteht man kurz gesagt den Zeitraum, in dem der Bauträger auftretende Mängel kostenfrei beseitigen muss. Treten während der Gewährleistungszeit Mängel zu Tage, die bei der Abnahme nicht erkennbar waren, handelt es sich um so genannte verdeckte Mängel, und der Bauträger muss diese kostenfrei nachbessern.
Nach §638 BGB handelt es sich hierbei um einen Zeitraum von 5 Jahren bei Bauwerken. Der Gewährleistungszeitraum beginnt mit der Schlussabnahme des Gebäudes. Die Gewährleistungsrechte eines Werkvertrages gemäß BGB betreffen Nachbesserung, Wandelung, Minderung und Schadenersatz.

Beispiel:
Eine Rohrleitung im Bad wird undicht. Die Wand muss geöffnet werden, das Rohr repariert werden und anschließend die Wand wieder verputzt, gestrichen und in Teilbereichen gefliest werden. Im darunter liegenden Raum ist die Decke feucht geworden und muss ebenfalls neu tapeziert und gestrichen werden. Alle Kosten sind vom Bauträger zu tragen. Er kann nicht argumentieren, dass er nur die Kosten für die Rohrreparatur trägt.

Mit dem Ablauf der 5-jährigen Gewährleistungszeit endet diese Pflicht des Bauträgers. Jetzt haftet er nur noch für Mängel, die ihm bekannt sind und die er dennoch arglistig verschwiegen hat. Sofern ihm das nachzuweisen ist, gilt eine Haftungszeit von 30 Jahren.

7.6 Richtiges Verhalten bei Mängeln im Gewährleistungszeitraum

Im Falle eines auftretenden Mangels ist zunächst zu klären, ob sich der Bauträger noch in der Gewährleistungszeit befindet. Es ist ratsam, im Abnahmeprotokoll die Dauer der Gewährleistungszeit schriftlich zu fixieren. Wenn beispielsweise die Schlussabnahme am 23.9.2000 um 12.00 Uhr stattgefunden hat, endet die Gewährleistung am 23.9.2005 um 12.00 Uhr.

Befindet sich der Bauträger noch in der Gewährleistungszeit, ist er umgehend schriftlich zu informieren. Es genügt nicht, zu telefonieren, vor allem, wenn die 5 Jahre fast vergangen sind. Inhalt dieser so genannten Mängelrüge ist eine genaue Beschreibung des Mangels sowie eine ausreichende Fristsetzung für deren Beseitigung. Da die gesetzliche Regelung vorsieht, dass der Käufer nach der Abnahme beweisen muss, dass es sich um einen Mangel handelt, ist die genaue Beschreibung notwendig.

Wichtig: Die Gewährleistungszeit wird nur unterbrochen durch Anerkenntnis des Mangels durch den Bauträger, durch Einleitung eines selbstständigen Beweisverfahrens oder durch Klageerhebung Ihrerseits.

Je größer der Mangel ist und je näher Sie am Ablauf der Gewährleistungsfrist liegen, desto wichtiger kann anwaltliche Hilfe werden, die Ihnen alle Ansprüche sichert und Ihnen den formal richtigen Weg weist.

Falls die Gewährleistungszeit noch ausreichend lange läuft, und der Bauträger auf Ihr Schreiben nicht reagiert, können Sie als ersten Schritt zunächst einen Sachverständigen oder Architekten einschalten, der den Sachverhalt beurteilt und direkt mit dem Bauträger Kontakt aufnimmt, um zu klären, ob dieser die Mängelbeseitigung verweigert oder nicht. Ein Gespräch von „Fachmann zu Fachmann" kann ausreichen, um den Bauträger dahin zu bringen, seinen Gewährleistungspflichten nachzukommen.

7.7 Mängel nach Ablauf der Gewährleistungszeit

Der Ablauf der Gewährleistungszeit ist für manchen Unternehmer ein Grund, sich erleichtert zurückzulehnen, denn jetzt auftretende Mängel muss er nun nicht mehr kostenfrei nachbessern, mit Ausnahme der bereis erwähnten versteckten Mängel, für die er 30 Jahre haftet.

Sie können sich vorstellen, dass es sehr schwierig und aufwändig sein kann, den Tatbestand des versteckten Mangels nachzuweisen, zumal Sie nunmehr beweispflichtig sind. Ohne Fachleute und anwaltliche Hilfe sind Sie in einer solchen Situation auf aussichtslosem Posten.

Ausschließen können Sie einen solchen Fall nie. Aber wenn Sie den Bauablauf begleiten oder fachkundig begleiten lassen, können Sie viele Probleme frühzeitig erkennen und beheben lassen. Deshalb ist es auch wichtig, alle Planunterlagen und Berechnungen hinsichtlich Schallschutz, Wärmeschutz, Statik, Wohnfläche, Kubatur usw. vorliegen zu haben und eine möglichst lückenlose Dokumentation des Bauablaufs herzustellen. All diese Unterlagen können wichtige Beweismittel in einem Verfahren sein und vielleicht schon im Vorfeld ein solches Verfahren vermeiden, weil der Auftragnehmer aufgrund der Beweise einlenkt und kostenfrei nachbessert.

Zum Schluss

Schlüsselfertig zum Festpreis und mit garantiertem Fertigstellungstermin sind Reizworte, die für viele Bauherren den Ausschlag geben, mit einem Bauträger zu bauen, denn es wird oft der Anschein erweckt, dass der Käufer sich um nichts mehr kümmern muss. Doch auch beim Bauen mit dem Bauträger müssen Sie viel Zeit und persönliches Engagement einsetzen, um ein Haus zu erhalten, das Ihren Wünschen entspricht. Wichtig ist hierbei sowohl die Phase vor Vertragsabschluss, in der Sie alles festlegen müssen und in der Sie eine gute Verhandlungsposition haben, als auch die gesamte Bauphase, in der Sie ein Auge auf die Qualität der Ausführung legen müssen. Dass es hierbei durchaus zu Interessenkonflikten zwischen den Vertragsparteien kommen kann, ist offensichtlich.

Man kann keinen grundsätzlichen Ratschlag geben, ob dieser oder ein anderer Weg für Sie persönlich der richtige zu Wohneigentum ist. Dies müssen Sie letztlich für sich selbst herausfinden.

Wir hoffen jedoch, dass Ihnen das vorliegende Buch hierbei eine Orientierungshilfe sein konnte.
Für Anregungen und Kritik zu diesem Buch sind wir jederzeit gerne offen.

Bücher, in denen guter Rat nicht teuer ist:

Beispiele aus unserem Buchprogramm

Ausführlich informiert über diese und weitere Bücher unser Gesamtverzeichnis „Planen, Bauen, Wohnen“.

ISBN 3-89367-611-2

ISBN 3-89367-041-6

ISBN 3-89367-078-5

ISBN 3-89367-081-5

Blottner Verlage

65232 Taunusstein

www.blottner.de

Unsere Ratgeber erhalten Sie im Buchhandel

Weitere aktuelle Informationen finden Sie unter

Deutscher Bauherren Informationsdienst®
www.bauherrendienst.de